運の良し悪しを超えた世界へ

縁《えにし》の扉をひらく

Kan.

フォレスト出版

はじめに

とんでもないスピードで時代が変わりつつあります。テクノロジーはほんの十年前とまったく別物となり、私たちが若い頃と比べると異世界と言っていいほどです。このまま何とか突っ走れるのではないかと期待したものの、世界は思ったより早く価値観が崩壊し、どう生きていけばいいのかという悩みは日増しに濃くなっています。

「私たちはちゃんと生きてきただろうか」

「与えられた『おもちゃ』で表面的にただ遊んでいただけではなかったか？」

これまでは、根底にあったものと表面的なものがあまりにもかけ離れていました。それが今、露呈し始めたのです。そして否応《いやおう》なく、世界の二極化が進んでいます。

しかし、どういう時代になっても変わらないものがあります。それを考察し掘り下げることができれば、これから生きていくためにも遅いということはありません。では、考察し掘り下げるとはどういうことか。それは、頭であれこれ考えることでもなければ、状況をただ眺めているだけとも違います。どんなに大変なときでも、しっかり「奥底」に入っていけるかということです。

調教されて模範的な生き方をしようとすると、うそが生まれます。人から「こう生きましょう」と言われたからそうするのではなく、自分で本当のことを見つけていく。今こそ、自分の「奥底」に潜んでいるものと出会う生き方をすべきときに来ているのです。

人生とは「生まれてから死ぬまでのあいだ」。死がいつ訪れるかはわかりませんが、生まれてきた以上死ぬことは決まっています。予言ではなく事実です。魂がこのボディを離れるときに気づくのは、この人生が価値あるものだったかどうかです。周りの人の気に入られることに労力と時間を費やしても、息を引き取るとき、「本当にこの人生に納得したか」と突きつけられます。誰かに教わったように生き方を変えるのではなく、自分が納得する生き方を探究し続けるほうがはるかに重要なのです。

自分ひとりが体験できることは少ししかありません。さまざまな人が、他の人には体験できないような領域を持っています。ですから人の話を聞くことは大切なのですが、そのまま鵜呑《うの》みにするのは違います。

私は若い頃から旅多き人生であり、注目すべき人々との出会いがありました。あるとき、道教の秘術「クンルン・ネイゴン」と出会い、私は還元の人生に入りました。注目すべき人々に共通するのは、「人の話を鵜呑みにしない」ということでした。どんなに偉い人の言うことでも、決して鵜呑みにしてはいけない。いかなる人の話も、ヒントにするくらいがいちばんいいのです。自分の考え方を編み出し、そこに人の考えを入れて、さらに自分で答えを出す。人と自分の答えが違うなら「違う」でいい。自分で腑《ふ》に落とすことが大事です。

ここからお伝えする話は、考える材料としての価値はあると思いますが、決して鵜呑みにしないでください。一度自分の中にちゃんと入れて、自分なりの答えを出すようにしてください。

ときには矛盾しているではないかと憤ることもあるかもしれません。そして、皆さんの頭の中にたくさんの疑問符をつけることになるでしょう。でも、急いで答えを見つけようとしないでください。頭で理解しようとしても無理だからです。ただ、一度疑問を持ったことは、一年かかろうが十年かかろうが必ず自分の射程圏内に入ります。だから焦らなくて大丈夫です。

Kan《カン》・天仙《てんせん》

もくじ

第2章

みぞおちと呼吸
かつて世界から称賛された日本の秘密

第3章

バランスの崩し方を覚える

第4章

運に翻弄されてみる

第5章

条件付きの人生を生きる

第6章

タオが教える「ツキ」の作り方

第7章 源泉から来たものを源泉に返す

第8章
この世には「太刀打ちできるもの」と「太刀打ちできないもの」がある

第 1 章

ブラックホールと「時間と空間のないところ」

もしタイムスリップができるとしたら

もし、好きなときにタイムスリップできる機械が発明されたとします。「皆さん、集合はきょうの○時にこの場所で。それまで自由時間です」そんなツアーに参加したら、「じゃあランチタイムはこの時代で食べてきます」と、タイムスリップする人もいるかもしれません。ただ、集合時間までに戻れない人は少なからずいるでしょう。なぜなら私たちの普段の振る舞いは、必ずしも別の時代に通用するとは限らず、最悪の場合、打ち首獄門となってしまう可能性もあるからです。その時代のルールを知らないと死ぬことすらある。国によってさまざまなルールがあるように、時代によってもルールは違います。

私たちにできることは、今しか通用しないものをちゃんとわかっておくこと。そして、行き過ぎたもの、足りないものも大事にして、もう一方で、自分には太刀《たち》打ちできないものもあると受け入れていく。すると、必ず「わかる」ときが来ます。「本当にわかっていく」とはそのように進むのです。やがて、本当にわかってきた人たち同士でジグソーパズルのようなネットワークが生まれます。そうやってつながっていけば、地球は絶対おかしなことにはならないと私は確信しています。

意識とは何か

「今」に意識を向けることは簡単です。今あなたがいるこの部屋、この椅子、本の感触をしっかり五感で認識できるはずです。では十年前、あなたは何をしていましたか。十年後は何をしているでしょうか。

十年前の今頃、自分は何をしていたのかと思いを巡らせたり、十年後は「こんなふうに過ごしているだろう」と思いを馳《は》せたり。そのときあなたは過去や未来を意識したと思ったかもしれませんが、それは意識というより想像です。十年前、十年後を思っても、それは大体「今」を意識しているにすぎません。

よく「胸に手を当てて考えてごらん」という言い方をしますが、そのとき胸に手を当てたらそれは意識です。「頭がちょっと痛いな」、これも意識です。「ちょっと食べ過ぎたのでおなかが痛い」、これも意識です。意識は大体限定的で、胸に手を当てる、頭が痛い、おなかが痛いなどわかりやすいのです。現代人の意識の使い方は、狭い範囲にフォーカスするだけです。

私のいう意識とは、「本当に十年前に意識を持っていけるのか」「ちゃんと十年先に意識を持っていけるのか」。これは、自分の肉体を構成する60兆個の全細胞に意識を持っていくことと同じ。文字通り、「すべて」に意識を向けることは可能なのか、ということなのです。そして、意識をどう持つかによって、人生はいかようにもなります。

ブラックホールの撮影が意味するもの

二〇一九年、ブラックホールの撮影に成功したというニュースがありました。ブラックホールの画像が地球上を駆け巡ったのです。

ブラックホールは時間と空間の最果てにあるゆえ、それまでは推測でしかありませんでした。見えた瞬間見えなくなり、次の瞬間は見えるようになる、そのぎりぎりのところが撮影された。つまり、「ブラックホールがちゃんと目に見えた」ということです。

これは地球の住人にとって快哉《かいさい》すべき出来事でした。誰かがブラックホールの撮影に成功したら、それは個人の出来事ではなく、人類全体の出来事です。興味があろうがなかろうが、自分の潜在意識からスーパー意識まで、ブラックホールが浮上したことを意味します。

ブラックホールは、すべての物質が吸収されてなくなっていくところです。今まで物質だったすべてのものが、物質ではないところに消えてしまうのです。

では、さっきまで生きていた人が息を引き取り、抜け殻になったとき、それまでその人を生かしめていた本体はどこにいったのか？

これは大命題です。生きている人がどう解釈してもすべて推測です。

このように、今まであったものが跡形もなくなってしまうものの代表が、時間と空間でしょう。時間と空間の中にいることを人生と言います。私たちは人が息を引き取ることを、「なくなった」と言います。何がなくなったのか。それは、時間と空間がなくなったのです。人が時間と空間のないところに行ってしまうことを、「死」と呼びます。消失するのではなく、「時間と空間のないところ」に行くのです。

「時間と空間のないところ」はずっと存在していました。ブラックホールは宇宙のあらゆるところに無数にあるからです。人体の中にもあります。ブラックホールはごく普通にそこかしこに存在します。ところが今までは、「ブラックホールはわからない」という前提で歴史が進んでいたので、「時間と空間のないところ」は言及されてこなかっただけです。

そこへブラックホールの撮影成功が発表になったということは、「時間と空間のないところは存在する」という説にゴーサインが出たことを意味します。すなわち「人が死を迎えたら、『時間と空間のないところ』に行くことがわかった」ということでもあります。つまりこれからは、「時間と空間のないところに行くことがわかった時代」に突入しました。今まで私たちは時間と空間の中にいましたが、ここから先は時間と空間を超えた世界で生きていくのです。

これからは、時間と空間のないところが存在すると認識した後の世界に入っていく覚悟をしたほうがいい。そうすると、そこに一条の光が入ってきます。本当に世界は既にガラッと変わっているのです。そろそろ自分の呪縛を解いていい頃です。

ただし頭で考えようとすると難しく感じます。頭で考える癖がついているのは、今まで「時間と空間に閉じ込められた星」という前提があったからです。でもここからは、本当の認識までポテンシャルを開いていける可能性が出てきたということになります。

そして、絶対に私の話を鵜呑みにしないように。私の話を一生懸命理解したら、それは私の話になってしまいます。そんな時代遅れなことはやらないでください。私たちには寿命があるのですから。

もし電気という動力源がない時代になったら

ありとあらゆることは変わっていきます。たとえば、十九世紀に生まれた機械式蓄音機は、二十世紀になると電気式蓄音機になりました。昭和の後半になるとレコードからカセットテープに録音し、やがてＣＤが出て、平成の時代になるとダウンロードが普通になり、令和の今は直接クラウドにアクセスするようになりました。

人為的に電気をつくる方法を発見したのは十八世紀から十九世紀にかけて。その方法を今も使っています。ただ、私たちは電気のつくり方は知っていますが、その電気がどこからくるのかは誰も知りません。

電気は蓄積できないため、一日当たりの電力を計画的につくります。自然災害も含め何か深刻なアクシデントがあると、地域全体が停電になります。

特に現代の都市は停電になると大騒ぎになります。今の私たちの生活は電気がすべて。高層ビルもエレベーターも電気で動きます。もしエレベーターがなかったら、60

階のオフィスに行くのに階段で上らなければいけません。体力の問題もありますが、時間もかかります。そして上がったら下りなければいけません。人間の生理学で言えば下りるほうが大変。上ったら最後、死ぬ思いで下りることになります。

電気が一瞬にしてこの文明から消えることはあり得ることです。そうすると、まずエレベーターが動かなくなります。マンションのドアが開かなくなり、水洗トイレも流れなくなります。今の生活から電気がなくなると、生きていくのは大変になります。そうなったら、恐らくこの文明は簡単に滅びます。

そして五百年ほど経《た》ったとしましょう。この文明の末裔《まつえい》たちがわずかに生き延びています。その人たちが語り部になり、この文明を伝えていくのですが、説明できないことがたくさんあります。文明が進化したため電気システムは過去のものとなり、もはや存在しません。高層ビル群はただの遺跡となっています。

そこで観光客は遺跡ツアーに出かけます。五百年前の人々が、狭い箱で上層階まで上っていたことはわかるのですが、何を動力源にしていたのかがわかりません。

「当時の人たちは、こんな箱で何十階もの上までどうやって行き来していたのだろう」

これが五百年後の人たちの関心事になります。同じことが、現在のピラミッドで起こっているのです。

地球上ではすべてのものに賞味期限がある

エジプトのピラミッドは今も多くの人を魅了する謎多き遺跡です。しかし、ほとんどの説は、このピラミッドを誤解しているのです。建造物としては残っていますが、肝心なものが欠けている。それが動力源です。当時の動力源は、現在完全に失われています。そのためピラミッドはミステリーになり、「瞑想《めいそう》部屋がある」「宇宙のパワーを受け取る装置」など、さまざまな説が生まれました。

同じことは五百年後の高層ビルにも言えます。五百年後の語り部は、「昔の人は儀式をすると一気に最上階まで上がっていけた」などというかもしれませんが、うそ八百もいいところです。実際は電気が通っていただけ。奇跡のように電気が現れ、夢のように電気がなくなると、文明はそうなってしまうのです。電気には「賞味期限」があり、私たちが使えるには期限があります。

同じような例は他にもあります。現代では、飛行機を飛ばそうとすると、航空力学を学ばなければなりません。そこにはたくさんの知識が必要です。ところが驚くことに、飛行機が飛ぶ原理はわかっているのですが、何が飛行機を飛ばしているのかは誰も知らないのです。飛行機が飛ぶのも、航空力学の賞味期限内のことです。飛行機を飛ばす力にも期限があるのです。

大福餅には賞味期限があります。賞味期限を過ぎると食べられません。私たちの人生にも寿命という期限があります。地球というところには、あらゆるものに期限があるのです。だから、期限内にやらないといけないことはやり、やらなくていいことはやらなくていい。

地球文明はこれまで六回滅んでいますが、その痕跡を発見することはできません。

なぜかというと、動力源が失われているからです。動力源のシステムが変わると、目に見えていても見えないのと同じです。この五感は、今の文明に適応する仕様。だから、今の五感に届くものしか受け取れません。

そして、控えめに言っても、明らかに電気というシステムはそう長くは続かないでしょう。そして、電気システムが終われば、この地球はまったく違う領域に入っていくのです。

私たちは少ししか見えていない

私たちは、今の感覚システムで知覚できるものしか受け取らない癖が付いてしまっています。そのため、「絶対目にしているのに、見えてないものでいっぱい」です。見る必要のないものは見えなくてもいいでしょう。けれども、「本当は、私たちは少ししか見えていない」ということをわかっておくことも大事になります。

たとえば、ＵＦＯの存在を信じようが信じまいが、見る時は見ます。それはきょうかもしれないし、もしかしたら一生見ないかもしれない。ＵＦＯを見るかどうかはどちらでもいいことですが、見たら「見た」と思ってください。人間が製作した飛行物体もかなり飛んでいるので紛らわしいのですが、ＵＦＯも飛んでいます。ただし、ＵＦＯを見たことのない人に、「ＵＦＯを見た」と話すことほど徒労に終わることはないので、カミングアウトする必要はありません。無理にＵＦＯを探すことはありませんが、空くらいは見てください。そして、「星がきれいだな」と感じるだけで充分です。

都市伝説にもおそらく少しの真実はありますが、事実とは異なる話もたくさんあります。事実とフィクションが曖昧になるのです。するとフィクションを事実と思い込むことに人生を懸ける人が出てくる。人生を懸けて大事なものが見つかるならいいですが、見つからなかったら悲劇です。人生は一回限り。生まれ変わったとしても、この人生は一回限りです。無益なエネルギーに費やすのか、それとも何かをわかっていくことに懸けるのか。システムが変わると発見できないものをあれこれ推測するくらいなら、「ない」でいい。そこはいい意味で「あきらめ」てください。時として「あきらめ」は、本当に理解することにつながるのです。本質は、文明が変わっても滅びることなく存続します。

自分の身に起こっていること、社会に起こっていること、日本に起こっていること、地球に起こっていること、時間が経つと、「あれはうそでした」と言われることもたくさんあります。もっともらしいことを聞かされたり偽物をつかまされたりもする。人から聞いた話は余計な推測がたくさん付いてきます。「だったら自分が直接体験するものなら絶対確かだろう」と思っていても、自分の感覚が乱れていたら真実はつかめない。

見極めるべきは、人生に起こったことではなく、自分の味わい方、食べ方、接し方はどうだろうかと自分で振り返ることです。「自分は意外と推測ばかりだった」「実感したつもりが、いつの間にか違うものに変わってしまう」など、そろそろ自分の癖に気づくべきときに来ています。本当に大事なことは、自分の人生にあります。誰かの人生に大事なことを探しても意味がないのです。

第 2 章

みぞおちと呼吸
かつて世界から称賛された
日本の秘密

近代文化を支えた「みぞおち」

戦後から頑張ってきた日本人は、ここにきて行き先を見失ってしまいました。何となると思っていた人生は、もはや何ともならなくなってしまったのです。今や多くの人が希望を見失っています。

現代人が元気を失った要因の一つは、間違いなく、外から教えられることに疑いもせず従うようになってしまったことです。しかし、もはや誰かの意見に従う時代ではありません。むしろ外から教えられることが自分に合うか合わないか、それを理解することのほうが大切です。

私たちは、どこでボタンをかけ間違えたのか。

近代西洋はかつて、浮世絵、陶磁器、着物を通して、極東に位置する未知の国、日本と出会いました。数々の江戸の文物に驚嘆した巨匠たちはインスピレーションを受け、ジャポニスムという文化を華開かせました。

当時の日本人を支えていたものが何かというと、みぞおちでした。みぞおちは、肋骨の下、胸の中央部の窪《くぼ》んだところです。人によっては、剣状突起という軟骨部分が出っ張っている人もいます。

昔の日本人は、みぞおちにふれることができました。

自分の中から来るものを発見できること。これが人にとって非常に重要です。そのヒントこそみぞおちにあるのですが、みぞおちを意識している現代人は果たしてどれほどいるでしょうか。私たちが迷子になってしまったのは、いつの間にかみぞおちにふれなくなったことも起因しています。そこでこの章では、みぞおちを考察したいと思います。

みぞおちは程よい弾力が望ましい

「心と身体」は別々だと認識している人もいるかもしれませんが、私の中ではほとんど同じ、つまり心と身体は分かれていません。たとえば具合が悪いときに身体を観察すると、自然に心の世界に入っていきます。逆に、心を観察していると、身体の状態に気づき始めます。「身体の世界は目に見えるけれど、心の世界は目に見えない」と思うかもしれませんが、心は身体に現れているのです。どんな人も心と身体はつながっています。

しかし、だんだん世の中が変わり、思っていることと行動がバラバラになってきました。思っていることと行動が離れてしまうとしんどくなります。たとえば会社勤めの自分と家にいる自分が大きく違うと、ギャップによるしわ寄せが大きくなり、苦しいのです。現代人は、本来の自分で生きたいという願いを奥底で抱いています。しかし、いくら頭で「本来の自分で生きるにはどうしたらいいのか」と考えても、あるいは心で「私は絶対にこの人生を楽しむ」と思っても、またはさまざまなエクササイズを通して身体に働きかけても、なかなか本来の自分にはなれません。

ギャップに苦しんでいる人々を丁寧に観察していると、ほとんどの場合、みぞおちが硬いことに気づきます。みぞおちが硬いと、本来の状態に戻れないのです。

みぞおちは、心と身体の両方をカバーする唯一の部位です。みぞおちにふれることができれば、心も身体もともに癒されます。そしてみぞおちは、弾力性のある状態が望ましい。柔らかすぎても失われるものがあります。みぞおちに程よい弾力性があれば、みずみずしい人生を生きることができるのです。

心を映す水面の月

胸骨とお腹の境目をみぞおちと言います。東洋医学では「鳩尾《きゅうび》」と書きますが、わが国の古流の武術でいうと、「水月《すいげつ》」と呼びます。なぜ昔の人は「水月」と言ったのか。

昔は、剣術の果たし合いというものがありました。当時の果たし合いは宿命。剣を交えたいわけではないけれど、組織の代表となれば仕方がない。ただの殺生《せっしょう》や暴力ではありません。そしてこの果たし合いは高い確率で、月明かりのもとで行われました。昔の人は、夜の池や湖、海など、水面に映る景色を愛《め》でていました。私たちもそうでしょう。海に映った月や、池に映った夜桜はなお美しい。誰もが目を細めて眺めています。私たちの原風景に違いありません。果たし合いが月明かりのもとで行われたのは、「命のやり取りをしなければいけないのなら、自分がともに生きた『自然』の中で」、そう思ったのです。

剣を構えて敵と対峙《たいじ》した時、水面に月が映ります。自分の心がざわざわしていると、水面の月もざわざわしている。そんな感覚を昔の人は持っていました。明鏡止水という言葉がありますが、無念無想になったところでお互い勝負したいという一つの願いです。どうせ命を落とすならこの出会いを大事にしようとしたのです。

よこしまなことがあると心はざわざわします。それを水面の月は映し出す。ざわざわしたまま剣を交えるのと、ざわざわした心を感じそれをどうにかしてから剣を交えるのとでは、違いがあります。このざわざわする感覚をどうにかして弾力がある状態に持っていこうとするのが人間です。水月という言葉はそこから来たのです。

窮地に陥ったら目を閉じて息を吐く

今は果たし合いこそありませんが、誰もが大災害に遭遇し、生死の境に直面する時代です。ある時、大地震の報告をしてくれた人がいました。

「Ｋａｎ・さん、よかったです。以前、セミナーで教えてもらったことが役に立ちました」

強い揺れが来たと思った直後、彼はしばらく意識を失っていたと言います。我に返ると、自分が瓦礫《がれき》の下に埋もれていることに気づきました。暗く狭く、動けない。自分がどこにいるのかもわかりません。助けが来る確証もない。大変な状況で、「セミナーで教えてもらった」ことを思い出し、それが役に立ったというのです。私は「何をお伝えしただろう」と考えを巡らせていると、意外な返事が返ってきました。

「目を開ける前に息を吐くやつですよ」

「ああ、それか」

私は拍子抜けしました。正直いうと私もまだ若かったので、もっと派手なメソッドで感謝されたかったのです。が、いざという時、本当に役に立ったのは、「目を閉じて息を吐く」という非常にシンプルなことでした。


いちばん簡単なやり方は、目を閉じたまま、息を吐く。そして、リキまずに。これだけです。どうして息を吐くところから始めるのかというと、みぞおちを緩めたいからです。

身体の自由がきかない、何をやっていいかわからないという窮地が、人生に一度や二度はあります。そういうとき、とりあえず息を吐きましょう。ただし息を吐いたけれど何も起こらないということもよくあります。それならまたさらに息を吐けばいいのです。自分にベストの呼吸をすること、これはテクニックではありません。いつ何どきそういうことが身に降りかかるかわからない時代に、呼吸は自分を支える助けになります。

日常をリセットする「基本の呼吸」

生まれてから死ぬまでのあいだ、私たちは、さまざまな人と、さまざまな価値観とともに、さまざまな制約の中で生きています。思うように生きられなかったり、自分を満足させられなかったり、仕切り直しがうまくいかなかったり、心がモヤモヤざわざわすることも数多くあります。どんな人でも、一日を過ごすと必ずどこかが汚れます。みぞおちも硬くなります。人生にはいろいろありますからそれでいいのです。そのモヤモヤざわざわを引きずることなく、いったん断ち切るやり方を、私たちは何かしら持っておいたほうがいい。私たちは、日常でも目を閉じる機会はあります。再び目を開いた時、リセットできているかどうかが鍵。そこで呼吸をするわけです。

何らかの感情とともに思い出が蘇《よみがえ》ったとき、**目を閉じたまま息を吐いてみてくださ**

い。息を吐けば、自然と新しい息が入ってきます。折にふれて思い出し、繰り返し実践すると貴重な財産になります。

ここで注意すべきなのは、単に息をいっぱい吸い、いっぱい吐けば、身体にいい効果があるという錯覚です。

本質的に大切なことは、すべてのことは絶妙なバランスのうえに成り立っているということです。つまり、「あらゆる『仕組み』を熟知しているならば問題はないが、果たしてそうだろうか?」ということです。息を吐ききることが最善につながるという思い込みが、吸いすぎになってしまう過呼吸をもたらします。生きていくうえで大切なことは、酸素と二酸化炭素のバランスです。酸素を細胞に有効に届けるためには、体内の二酸化炭素も必要なのです。息の吐き過ぎ吸い過ぎは、最終的に悪影響をもたらします。

極端に陥らないことが肝要です。呼吸に関して深く学ぼうとするならば、ちゃんと習うことが必要となります。

三回の呼吸で仕切り直しをする

巷《ちまた》には「〇〇呼吸」と呼ばれる技法が数多くありますが、必ずしも自分に合うとは限りません。たとえば腹式呼吸の素晴らしさは広く認知されていますが、現代人のやり方だと正しく機能しないのです。現代人は呼吸が浅く、たいてい肩先で息をしています。そんな状態で腹式呼吸をすると、息を吸うとき、肩に力が入ります。横隔膜は硬くなり、お腹で息をしようとして歪《いびつ》な腹圧がかかります。これだと新しい息が入らないのです。

息を吸うとき肩が上がってしまう人は、息を吸うことは肩を上げることではない、と知っておいてください。そして「息を吸うとき肩を上げない」と心掛けるだけで、肩を上げずに息を吸えるようになり、息がお腹の奥まで入っていきます。

さきほどの「基本の呼吸」に慣れたら、さらに三回、呼吸してみてください。こちらも息を吐くところから始まります。**目を閉じた状態から始めます。まず息を口から**

吐き、そのままにします。すると自然に息を吸います。そして吐きます。この深呼吸を三回してから目を開けます。

心と身体を結んでいるのは呼吸です。しかし、心や身体が疲れてくると、質の良い呼吸ではなく、最低限の呼吸になってしまいます。そんな時、外から習った呼吸法をしてしまうと、みぞおちを緩めるプロセスが省略され、みぞおちが硬いままとなり、何の変化も起こりません。

そんな時こそ、今ある息をふーっと吐いて、放っておく。それから肩を緩めて息を吸う。こうすれば、その人にとって害のない呼吸になります。どんな行法を習うよりも前に、まずはシンプルに目を閉じて息を吐く。これがもっともその人に合った呼吸です。呼吸を三回ゆっくりやっても一分以内に終わります。生活の中で仕切り直しをしたいとき、取り乱した時、この呼吸で落ち着くことができます。とにかく、息を吐けば活路が開かれます。これは一つの生活の知恵として覚えておいてください。

基本の呼吸ができるようになってから世の中の「○○呼吸」を習えば、それが自分に合うかどうかわかるでしょうし、意味のあるものになるはずです。

「両親」「出会う人々」「自分」に捧げる呼吸

多くの人が実感し、人生を懸けて受け継いできた呼吸があります。こちらも三回の呼吸ですが、呼吸をひとつするたびに、大切な人々に捧《ささ》げるのです。

一つ目の呼吸は両親に捧げる呼吸。

二つ目は、今まで出会った人たち、今出会っている人たち、これから出会う人たちに捧げる呼吸。

三つ目の呼吸は、自分に捧げる呼吸。

これだけで、自分が整い、仕切り直すことができます。簡単に覚えられるので、電車の中でもすぐできます。機械的にやるのではなく丁寧にやると、バランスは取れてきます。

両親、出会う人々、自分に捧げる呼吸

目を閉じて静かに自分と向き合う。自分のタイミングで、まず息を一回吐いて身体の中を空にする。それから三回、呼吸をする。両親のために一つ。生まれてから出会った人たちのために一つ。自分のために一つ。

両親に捧げる一つ目の呼吸は、父母だけでなく、父母につながる人々に捧げることになります。「両親のために一つ目の呼吸を」と思っただけで、自分と自分のルーツに意識が届くのです。

お父さんにも父母がいて、お母さんにも父母がいます。私たちのおじいちゃんとおばあちゃんです。これだけでご先祖さまは四人。さらに父方のおじいちゃんにも父母がいて、おばあちゃんにも父母がいる。指数関数的に増えていきます。少しさかのぼっただけで、知らないご先祖さまでいっぱい。すぐに東京ドームが満員になります。

東京ドームの収容人数は五万五千人。そこに野球観戦に行ったと想像してみてください。トイレに行く時、自分の貴重品を席に置いたままにする人は恐らく皆無です。なぜかというと、五万五千人も人がいれば、席に置いた貴重品を持っていく人は絶対いるからです。泥棒とは限りません。普通の人でも、貴重品とわかればくすねる人はいるものです。自分の両親がそうでなくても、五万五千人ものご先祖さまの中には、財布をくすねてしまう人も絶対います。さかのぼって見れば、いい人も悪い人も等しくいる。立派な人だけではない、碌《ろく》でもないご先祖様だっていた、それが私たちなのです。世の中にはいろんな人がいて、いろんな事情があって、いろんな巡り合わせがあり、その中で出来事が起こっている。それでいいのです。

両親と生き別れたり死に別れたり、さまざまな事情を抱えた人もいるでしょう。必ずしも「いい親」ではなかったかもしれません。しかし、生んでもらった恩は絶対あります。地球上にこの人生をプレゼントしてくれたいちばんの立役者は両親だからです。

メンテナンスを促す呼吸

世の中には、行者が実践するようなハイテクニックも多種あり、理想の境地まで連れて行ってくれることもあるでしょう。ただ、最後は「息を吐く」というシンプルな呼吸に戻っていきます。

簡単なことを始められない人は、難しいことに取り組んでも、結局飽きて終わるものです。現代は、持ちすぎるがゆえに役立たない時代です。それは物質かもしれませんし、心のこと、あるいは知識かもしれません。要らないものを抱えすぎていないか、自分自身を点検してみることが大切です。とはいえ、「これは要るのか要らないのか」と頭で判断しないでください。それがいつも正しいとは限らないのです。

要らないものを手放すのは非常にシンプル。シンプルなことをシンプルに行うためには、簡単なところから始めます。それが、今ある息を吐くこと。本当にただそれだけ。残気を出すことができればデトックスの始まりです。

世間で生きれば自分自身に汚れも溜まりますが、人間には元に戻る力があります。それは睡眠中に現れます。寝ているあいだは、自分をメンテナンスに委ねている時間。お任せではありますが、自分できっかけをつくることも大切です。一日の終わり、自分が寝る前に、ほんのちょっとするだけで回復する力が全然違ってくる呼吸がありま す。自分ができることはやった、あとはお任せ、これが大事なのです。

就寝前の呼吸

両手の中指をみぞおちにあてる。息を吐きながら、そのまま上半身を前方に傾ける。そして、声を出さずに「はあー」と息を吐く。吐き終わったら上体を元に戻す。以上を五回ないし七回繰り返す。

上半身を倒すと自然に中指がみぞおちの中に入っていく程度の刺激を目安に息を吐く。正座でもあぐらでも、椅子やソファーでやってもかまわない。

こうすると、自分の汚れたものをリセットすることができます。思い出したらやってみてください。一日の終わりは実に大切です。このひと手間によって、人生は全然違ってきます。本当は毎日やるほうがいいのですが、自分のあんばいで続けてみてください。部屋も汚れが蓄積すると掃除が嫌になりますが、普段から小まめに掃除をしておけば汚れはさほど溜まりません。自分自身も同じ。だから毎日たったの七回、この呼吸を続けることで、自分にふさわしい呼吸が身に付いてきます。呼吸とはギフトなのです。

人生は待合室のようなもの

生まれてから死ぬまでのあいだ、人間にとって大切なことは三つ。一番目は「健康」。迷ったときにまず取り組むべきは健康です。二番目は「人間関係」。三番目は「自分が本当に満足することをやっているかどうか」。

夜寝る前、「きょうも疲れた」「こんなことをやっていていいのか」「自分に合った仕事が他にあるのではないか」「何かしなければ人生はすぐに終わってしまう」、こうしたさまざまな思いがよぎるのは、自分が本当に人生に満足しているのかと自問しているからです。

人生とは待合室のようなものです。歯医者や美容院と違って名前は呼ばれませんが、ある日突然出ていかなければならなくなります。

これは、「息を吸うことと吐くことのあいだには真実が隠れている」というたとえです。待合室で待っていると、吸ってもいない、吐いてもいない瞬間があります。それは時間も空間もない世界です。時間も空間もない世界を、本当は誰もが知っています。今も、時間も空間もない瞬間は何度も訪れています。ただ、待合室では「雑誌を読んでいる」ので、その内容に気を取られて、息を吸ってもいないし吐いてもいない瞬間に気づかないのです。

待合室で雑誌を見ることが悪いわけではありません。いい店を見つけたら行けばいいし、いい言葉に出会ったら感動すればいい。「雑誌」はさまざまなプロがコラボレーションした結果です。うその情報ではありませんが、「本当のこと」でもありません。

吸う息と吐く息のあわいに意識を向ける

吸う息と吐く息のあいだに意識が向くと、「あちら側の世界」があることに気づきます。すると、とんでもない逆転現象が起こるのです。「あちら側の世界」は本来全員が知っています。勉強してわかるものではありません。「あちら側の世界」に意識が向くことは、「自分が本当に満足することをやっているかどうか」につながってきます。呼吸というのはそれほど重要です。

「自分が本当に満足すること」は、健康と人間関係のバランスに支えられています。しかし、健康や人間関係のように追求したらわからなくなるのです。なぜなら、すべては待合室で起こっていることだからです。すなわち、本当のこととは、吸う息と吐く息の間。時間のことでも空間のことでもないのです。

生まれることは息を吸うこと。死ぬことは息を吐くこと。最初は必ず息を吸い、最期は必ず息を吐きます。そして間《ま》というのは、吸う息が吐く息に切り替わる瞬間のことです。

吸うことも吐くことも、生きることを支える大事な行為。大抵の人は、そこで起こっていることの良し悪しを判断しています。しかし実は、吸うでもなく吐くでもない瞬間が無数に存在します。人生は、「吸う」が「吐く」に切り替わる瞬間と、「吐く」が「吸う」に切り替わる瞬間の連続です。そしてこの瞬間は何も起こりません。

私たちが地球に来た本当の意味は、ここにあります。それを理解した途端、思考が止まるのです。

第 3 章

バランスの崩し方を覚える

バランスをとり続けることが生きること

人は「安定がいちばん」と思うかもしれませんが、実際は安定したら終わりです。地球は絶えずバランスを崩す星です。人は地球でバランスの崩し方を覚えるのです。バランスの崩し方とは、本当にバランスが取れないところに自分を置くことです。「このくらいだったらバランスが崩れないだろう」というのは安定です。

サーフィンをしていると、二度と同じ波が来ないことに気づきます。しかも波の上でバランスをとらなければひっくり返ってしまう。それが自分を原点に戻してくれるのです。そのくらい自然界はバランスが崩れます。バランスが崩れるときに、バランスを取り戻すのです。バランスを取り戻す力とは、「私の力」というより、「私の中に宿っている地球の力」です。ビッグウェーブに乗っていると、そのことを思い出すことができます。そういう意味で、サーフィンも立派な瞑想です。モテたいために始めたサーフィンでも、だんだん自然界と自分のバランスを取るようになっていきます。

すべては「私」ではなく「おかげさま」なのだと気づかせてくれるのです。

実はサーフィンをしなくても、自分の中の地球の力を思い出すことはできます。意外かもしれませんが、「地面に立つ」ことは「波に乗る」ことと似ています。人は地面に立っていても、絶えず揺れているのです。そのとき自分で戻そうとせず、揺れたままにしていると必ずいいところに戻ろうとします。ただ、いいところに戻ってもそこに永久にとどまることはありません。「安定」すると最悪なことになるので、絶えずブレるのです。ブレながらたまに止まることで足首が整ってきます。

足首が整ったときに「頭の乗せ方」を思い出すことができます。人体の頭は大体5kgくらいあります。お米5kgはけっこう重いですよね。誰もお米5kgを持って毎朝出勤しようとは思わないはず。でも、誰もがその5kgもある頭を身体に乗せて生活しています。

不思議なことに、足首がずれていると、頭が非常に重く感じられます。重いと思わないようにしているから肩が凝り、腰や膝を悪くするのです。足首が本当に機能すると、頭の重さはゼロになります。５kgの重さがゼロになるポジションがあるのです。

すると、肩も首も、足腰も、悪くなるわけがありません。

「これでいい」という状態をつくらないこと。そして、物事に興味を持って取り組んだ時、本当に頭の重さはゼロになる。考えていることと感じることのバランスが本当の意味で取れるようになると、足首は修正力を持つのです。

瞑想とは自分の中にある修正力を見ること

サーフィンでも山登りでも、習い事にはコーチがいます。自分で会得しようと思ったら無駄に時間がかかりますから、教えてくれる人も必要。でもだんだんやり方がわかってきたら、自分の中に潜んでいる、習っていないものを発見することが重要です。「もともと自分に備わっているもの」を引き出すことに興味を持つか持たないかで、人生は違ってくるのです。

瞑想はそのためにあります。といっても決してスピリチュアル用語の瞑想ではありません。瞑想とは「ひとり在ること」。いろんな人に囲まれて生きている。そんな中、時間を取ってひとり静かに座るのです。そのとき、自分の意識がどこに溶けさっていくのかを観察することです。

見るべきは、自分の中にある修正力。自分の中に潜んでいる、バランスを取り戻す力です。バランス力は後付けで身に付けるものではありません。生まれてくるときも、そして亡くなった後も、宇宙はバランスでいっぱいなのです。本当の瞑想をすると、そのバランスが取れてきます。

大事なのは誰かに習った瞑想ではありません。「方法」にいき過ぎると依存になります。ある種の瞑想は専門的になります。それは素晴らしいことですが、私たちが気を付けなければいけないのは、何かをやり過ぎるとバランスを崩すということ。何かを習うと突っ込み過ぎて、ともすると気が付けば偏ってしまうのです。

たとえばある教えを勉強していくと、わかってくるものがあります。こうしていろいろ学んでいる奥さんは、家に帰るとダンナさんがソファーでビールを飲んで、だらけている姿に直面します。それを見て、「うちの主人はまったく……」と愚痴や批判を言うようになる。「うちの主人は」と言い始めたら、バランスが崩れていると思って間違いありません。ダンナさんが問題なのではなく、「うちの主人はどうしようもない」と言っている「私」のほうが問題だからです。

逆にダンナさんがある世界に入ってくると、何も知らない奥さんにイラッとして、「うちのかみさんは」と批判を始めます。しかし「うちのかみさん」が問題なのではなく、「うちのかみさんは」と言うようになった「私」のほうがどうかしているのです。そこに意識を向けられるようになることが本当のバランスです。

バランスを取る力は、すべての人の中にあります。ただ、自力でバランスをとることはできないのです。

思考と感情のバランスが整うと人間関係は面白くなる

人には、思考が優勢なタイプ＝頭中心で生きる人と、感情が優勢なタイプ＝感情中心で生きる人、そして身体感覚が優勢なタイプがいます。思考が優勢なタイプと感情が優勢なタイプとは人間関係でぶつかりがちです。自分とうまくいかないタイプの人間は必ずいるもので、人間関係の悩みをシンプルに言えば、思考と感情の問題なのです。

同じ状態が、一人の人間の中でも起こっています。思考と感情がぶつかっているのです。感情はハートにあります。思考は頭にあります。ほとんどの人は、頭とハートが見えない配線でつながっているだけで、思考と感情が通じ合っていません。ただ、「感情はハートで感じる」とわかっているので、「私、何か言いすぎた」「私はイライラしている」と頭でとらえることはできますが、感情は理屈なくやってきます。なぜこんな感情が生まれているのかと戸惑うばかりです。

では、自分の中の頭とハートが通じ合うためにはどうすればいいのか。

首には血管や筋肉、骨といった、物理的なたくさんの配線があります。それだけでなく、首は頭とハートをつなぐ大切な部位です。そして、足首も「首」です。身体を支える足首をケアできたら、首の状態もよくなります。これは解剖学の話ではありません。思考と感情の話です。足首をケアすると、思考と感情が自分の中で整ってくるのです。

思考と感情のバランスが整うと、人間関係が面白くなってきます。思考と感情が整わないと、人間関係が悩みの原因になります。足首のケアは、健康と人間関係を出会わせることです。足首のケアは、どんな人にもできます。

私たちの中に潜む「戻る力」

人体は常に体温を一定に保とうとする力があります。これが恒常性維持機能です。健康とは、いきすぎたら戻ろうとする力、足りなかったら戻ろうとする力が正常に機能していることです。

では、自分の平熱を常に保とうとする力は、どこからくるのか。それこそが宇宙と人とを結びつけている力です。

私は人生の前半、世界を放浪していましたが、特に印象に残っているのは砂漠で遭難した経験です。砂漠で遭難したときに頼りになるのは自分の平熱です。しかしこれは、体温計で測る数値のことではありません。

砂漠の気温は、たとえば昼間は四十八度でも、夜はマイナス三十度になります。一日のうちに八十度近い差がある環境に身を置くと、熱とは何かが非常に理解できます。「地球は生きている」と実感するのです。

地球にも太陽にも寿命があり、私たち人間にも寿命があります。長さは違いますが、「一定の時間内での寿命」という約束事がある。その意味では、地球も太陽も人類も同じ。そして地球も太陽も人類も、それぞれの寿命は同じものに支えられています。その実感が生まれると、生命の向こう側があることに気づくのです。

恒常性維持機能が働くということは、地球と私たちの力が通じ合っているということです。通じ合っていれば私たちは生きていられます。そして、地球と私たちの関係が終わるとき、私たちは肉体とのつながりを手放します。つまり寿命を迎えるのです。

足首のケアがバランスの取り方を思い出させる

地球も、地球だけで存在しているわけではなく、さまざまな星とつながって生きています。私たち人間も個体で生存しているわけではなく、文字通りさまざまな存在とつながって生きています。つながった力によって、血液が流れ、リンパが流れ、体温が一定に調節されている。その力に、私たちはもう少し目覚めたほうがいいと思うのです。

そういう意味の健康が足首にはあり、足首が思考と感情の関係を正していきます。思考と感情の関係が整ってきたら、「待合室」の登場人物たちと、本当の交流ができるようになります。

それなら、人生で出会う人たちと本当の交流ができれば人間関係がうまくいくかというと、そうとも言えません。がっかりするかもしれませんが、うまくいく場合もあればうまくいかない場合もあります。その両方があるから「人間関係」なのです。すべての人間関係がうまくいくなら、私たちは生まれてくる必要がありません。うまくいかないことをうまくいかせようとするから発展があります。うまくいく人だけに囲まれる人生は、出会いの半分を無視しているのです。

すると、こんな人が現れます。

「『人間関係がうまくいかないならそれを面白いと思え』と言われた、だからこのうまくいかない人間関係を面白いと思うようにしよう」

これでは誰かの言いなりです。自分で納得しなければ、ポテンシャルは発動しません。「待合室」の出来事はよく吟味すること。誰かの言いなりになることではありません。

そのために足首をケアするのです。

足首のケア

まず足首をよく回すところから始める。右手の指を左足の指の奥まで入れてがっちり噛《か》ませ、左足首を回す。次は左右を入れ替えて行う。充分回し終わったら、今度は足指を一本ずつ回していく。

これは体操ではありません。探求です。おおげさに考えず、どこまで響くかなと興味を持って回します。すると不思議なことに、今まで感じたことのないものが足首を行き来し始めます。やがて響く箇所が上がってきて、最後は脳に達します。足首や指を回すだけだと体操ですが、探求を始めると不思議なもので、「旅」が始まるのです。「さわる」と「ふれる」は違います。「さわる」は表面にタッチすることですが、「ふれる」はさらに内側に入っていくことです。「ふれる」ようにすると、手も足も指が大切だったことを思い出し、足首の重要性に気づくのです。

宇宙から降り注いでくるものに支えられている

宇宙は、私たちの身体の反映です。私たちの身体のセンターが、宇宙のセンターとつながっているからです。ただ、宇宙のセンターが何なのか、私たちはうかがい知ることができません。

宇宙から常に何かが降り注いでいるという感覚。これを見つけてほしいのです。たとえば、宇宙線は地上に無数に降り注いでいます（これは科学から借りてきた言葉なので実はあまり使いたくない言葉ですが）。

赤ちゃんは成長するとハイハイ状態になり、そしてつかまり立ちして二本足で立ち上がります。赤ちゃんが初めて二本足で立ち上がるのは、「降り注いでくる」ものを受け入れたときです。

ハワイのカフナやシャーマンたちはそのことを感知しているので、足首を重視しています。足首をケアすると、私たちは「降り注いでくるもの」に支えられて立っているという感覚が戻ってきます。足が不自由だとしても、降り注いでいるものは一緒。生きている人全員に起こっていることです。そのことに対して自分の心を開くか開かないかだけです。

自分に潜む偏りを体験すること

大地震が来ると立っていられなくなります。震度6以上が来たときは、無駄な抵抗はやめて、まず近くにおいてある軍手をはめて移動すること。生き延びることが大事です。自分のベッドの傍《そば》には登山靴と軍手を必ず置いて寝てください。大地震になると住居は凶器になります。凶器と化した室内は歩けません。いちばんしんどいのは、すぐそこに救わなければいけない家族がいるのに、床にガラスの破片が散らばって歩いて行けないことです。そんな中でも、がっちりした登山靴を履けば移動できますし、軍手をはめれば倒れた家財を退けることができます。

大地震が起こって最初に影響するのが足首です。足首がぐらぐらしたら動転してしまい、防災知識など吹っ飛んでしまいます。経験以上の揺れに接したとき、足首は今までの知識が役に立たなくなるのです。揺れは五分ほどでおさまりますが、この五分間が大事。そして、決まった練習をしていたらダメなのです。

時々、足首がガチガチに硬くなっていないかを確認してください。脚を伸ばし、足首をニュートラルにして、微細に振ります。振れば振るほどいいですし、スピードはあまり上げません。ここで自覚すべきは、戻る力です。私たちは、立って歩けてはいても癖があります。身体の中でも、かなり使うところとまったく使っていないところがあります。自分の支え方があまりにも偏っているのです。その時点で考え方も感じ方も偏ってしまっています。

しかし、地球上で偏っていない人は誰一人いません。大事なのは、偏っていることを自覚しているかどうかです。

たとえば、偏っていると家がどんどん汚くなります。すると「掃除しなければ」と思います。今度は潔癖症になり、朝から晩まで掃除をして、何のためにそこに住んでいるのかわからなくなります。

私たちはこうした偏りのあいだを行き来しているのです。自分の人生を尊重したいなら、まずは偏る。自分の中に潜む偏りを体験したら、必ず「ああ、生きている」という実感がやってきます。これがバランスの崩し方を覚えるということです。「身体に居る」ということは偏っていること。偏っても、戻る力が誰にでもあります。

第4章

運に翻弄されてみる

運のいい人を見てうらやましい時は

運がいい人を見たらうらやましくなり、行き詰まったら「どうすれば運が良くなるのか」と悩む。そういう時、偶然にも「運を良くする方法を知っています」という人に出会い、信じてついていくとだまされることもあります。

私たちは運に翻弄されます。地球に生まれてきた以上、バイオリズムが生じるので、運が上がったり下がったりするのは当たり前です。運がいい時にあぐらをかいていれば当然落ちます。人が運命を超えることはできないのです。

私たちにできるのは、人は運に翻弄されるものであると認めることだけ。運が良かったらうれしいし、運が悪い時は不安と恐怖に駆られます。だから一喜一憂していい。私たちは、不運の時の不安と恐怖をしっかり味わう必要があります。そうでなければ、何のために運のいい時と悪い時があるというのでしょうか。

運のいい人をうらやましがるのは、運のいい時を経験しなさすぎるからです。そして稀《まれ》に運がいいと有頂天になってしまいます。そういう人が感謝を忘れると、ものが見えなくなりかねません。本当に運のいい人は勘違いしないのです。

運が悪い時、しっかり不安と恐怖を味わった人は、運良く調子に乗っている人を見ると、「自分もあんなふうになりたい」とは思わなくなります。「あー、有頂天になってるな」「勘違いしているな」と思うでしょう。そして、自分は勘違いしないでおこうと内省するのです。

運が上がったり下がったりしながら、変に悟りすますことなく、運のいい時はリラックスして、運の落ちているときは大変と思いながら、感謝と縁を忘れないことです。

私たちは、運とは関係のないものも持っているからです。

調子が良いとき悪いときは何が起こっているのか

多くの人は運の良し悪しに気を取られすぎています。しかし運は良くなってもいつかは落ちる。運の良し悪しを追いかけても大して意味はありません。だから、運が悪いときは「私は今、運が悪くなっている」、運の良いときは「私は今、運が良くなっている」で終わりにすればいい。私たちは運の良し悪しより、運命とはどういうものなのか、大局をつかむべきです。

人生で悲喜交々《ひきこもごも》なことが起こるのは、悩むためというより、わかるためです。「待合室」に居るだけではつまらないから、人生にはさまざまなことが起こるのです。では、運が良いとき悪いときは、何が起こっているのでしょうか。

この地球上には、さまざまな人が存在し、お互いを支え合っています。実際に出会っていようがいまいがつながっている。そして調子がよくなったり悪くなったりするのは、目に見えない形で、助けたり助けられたりしているのです。

非常に調子の良いときは、努力の賜物《たまもの》だけではありません。自分と縁のある人たちのエネルギーが自分に流れ込んで来ているのです。縁のある人とは、この人生で出会う人もいれば、出会わない人もいます。だから、何をやってもうまくいくときは「おかげさま」なのです。

では、運が悪いときは、何が起こっているのか。単純に「運が悪い」「体調が悪い」だけではないのです。もし目の前で人が溺れていて、助けられるのが自分だけだとしたら、放っておけないのではないでしょうか。どうにかして助けようという情動がはたらくでしょう。大急ぎで人を呼ぶかもしれませんし、自ら水に飛び込むかもしれない。それが人間です。ですからどうしようもなく調子が悪いときは、縁のレベルで「自分はちょっとでも誰かの役に立っているんだ」と意識を向けてほしいのです。調子が悪いときに必要なのは理解です。今ちょっと疲れているのは誰かをサポートしているから。そう理解すると、次にどう行動すべきかひらめくはずです。

縁がある人とはエネルギーでつながっています。その縁は、実際に出会っているかどうかは関係ありません。なかなか機会に恵まれないと思うときは、「自分は誰かの役に立っているのだ」ととらえてみることです。逆に、自分が何をやっても恵まれているときは、絶対に誰かのおかげです。私たちは、さまざまなものとつながって生きているのです。

朝日を見ると手を合わせたくなる

私は世界のあらゆる自然を旅し、時として砂浜で朝を迎えることがあります。日の出とともによく見るのは、犬を連れた人が散歩している光景です。晴れの日も曇りの日も、国や民族、年齢に関係ありません。犬を連れてなくても、朝日を見ようとするのはみんないい人です。「いい人」の定義は人それぞれですが、いい人はやはり太陽を見たくなるのでしょう。

彼らは日の出を待っていて、太陽が顔を見せたら例外なく手を合わせます。いかなる文化の人もそうです。「朝日を見たら手を合わせる」と、子供の頃に教わったからでしょうか。それだけではないと思います。

朝日を見ると、誰もが感動します。感動すると人は手を合わせます。これは「地球事《ごと》」です。手を合わせるのは、経験値でも運命のバイオリズムでもなく、間違いなく「すべて」なのです。どんなにひどい目に遭っても、さまざまな思いでいっぱいの人生でも、「その瞬間」はわかります。朝日が顔を出すところを実際に見ることができれば、何度目であっても手を合わせたくなるのです。

人の世で展開することは、基本的に経験値です。お金は経済システムのことであり、経験値から生み出されたものです。運のバイオリズムも経験値から生み出されたもの。家も料理も経験から伝承されたものです。家事から仕事まで、私たちは常に経験値の中で揺さぶられ、人生を経験値のバトンで成り立たせています。

しかしどんな人も、経験値ばかりの世界に直面すると、経験値から分かれてくるものに気づきます。それが「垂直」のものであり、手を合わせたくなるような「何か」なのです。私たちは、経験からくるもの、経験ではないところからくるもの、両方があって何かをわかっていきます。

私たちは理屈なしに、何かを経験したら「あるものにふれる」のです。それは物質でも、シチュエーションでもありません。さわるのではなくふれるのです。自分に財産があろうがなかろうが、孤独だろうが家族がいようが、ふれたときにしか味わえない何かをおそらく誰もが体験しています。

誰かのために手を合わせる

どんなに財力を持っていても、どんなに超越的なパワーを持っていても、友達が大変なときには何もしてあげられないのが現実です。それは本当に苦しいことです。たとえばとてつもない借金を抱えている人にお金を貸して「救われた」と思うのは、お互い一瞬だけです。それは救ったことにならず、相手はまた同じことを繰り返します。そういう状態になっている人にしてあげられることはほとんどありません。何かをしてあげたくても届かない。でも、届くものもあります。

不治の病を宣告されたとき、同じような経験をした人がただ傍にいてくれるだけで心強さを感じます。

運が悪いときはどうしようもなくつらいもの。大切なのは、そのつらさをしっかり身体に刻むことです。刻んだ分、人に寄り添うことができます。自分の運の悪さから逃げなければ、自分のうかがい知れないところで、何かがそれをしっかりくぐっていきます。そこでただ友達の横にいてあげればいいのです。あらゆる経験はくぐるべきです。

病気でも病気でなくても、お金があってもなくても、どんな状態の人も朝日を見たら手を合わせます。極悪人でも朝日を見れば感動するのです。ところが、朝日を見ても感動できないときがあります。それは、あまりにも大変すぎる目に遭っているときです。そういうときでも、誰かがどこかで朝日に手を合わせてくれていれば、必ずつながります。誰かが手を合わせることは、必ず別の人の希望につながるのです。

タオのヒントは真逆のことが出会うこと

人には頭とハート、身体の三つのセンターがありますが、今からお伝えするのは身体を通して真逆のものを出会わせていく探求です。

身体を伸ばすと気持ちのいい体勢があります。伸ばして気持ちがいいということは、逆にどこかが縮んでいます。これがタオのヒントです。伸ばして気持ちよくなった時、真逆の出会いを探すのです。

胸を開いたら気持ちいい、肩甲骨を開いたら楽になる。これはただのストレッチ。あくまでも身体のことです。

肩甲骨をグッと寄せると、同時に胸が開きます。これが、同時に真逆のことが出会うということ。肩甲骨を開くと胸が閉じる。これも同時に真逆のことが出会っています。真逆のことが出会った時、第三の力が降りてきます。肩甲骨を開いたら胸が閉じることを同時に認識することは、運命と、運命を超えたものをわかり始めることです。艱難《かんなん》辛苦を受け入れるのは本当に大変です。その代わりに、真逆なものを出会わせるのです。こうして、運命に翻弄されている自分と、運を超えたものとを見ていくことができます。

胸を開くと肩甲骨が閉じる、あるいは肩甲骨を開くと胸が閉じる、真逆のことを同時に感じることで、その時だけ降りてくる力がある。迷ったりつらくなったりしたら、ここに戻ってきてください。

勝ちもせず負けもしないことが今を超えていく

人生は人との関係という並行世界だけでなく、天との関係という垂直関係がありま す。考えれば考えるほど難しく、何かを信じても裏切られます。ポジティブシンキングが人生を開くといってもやがて限界はきます。瞑想しても限界はきます。がむしゃらに働いても限界がきて身体を壊します。何かに偏ると限界が来る。「本当のこと」は、バランスよくやったときにだけ現れます。

自分の力で成し遂げようとする人は、全部自力でしなくてはならなくなります。すべてを「おかげさま」で片付けたら、「おかげさま」と言うだけの人生になってしまいます。子供の宿題を全部親が解いてしまったら、その子は考える力を失います。すべてスーパーパワーがやってくれるのなら、何のために生きているのかわかりません。

やはり絶妙なバランスがあるのです。バランスをとりながら、時々羽目を外すことで、その人らしくなっていきます。

自分でやることも知っている。自分を超えたものも知っている。そのバランスを取れたら、いつでも相手を尊重できます。何でも夫が仕切っていたら妻はだんだん嫌になります。逆も同じで、妻が仕切りすぎれば夫はやる気を失います。自分が仕切る割合を半分にすれば、ほどよいバランスが自然に訪れます。そして、コラボレーションでしか起こらないことが降りてくる。「ああ、やっぱりこの人と生きていこう」「この人との共同作業が最高だ」となります。

会社も同じです。誰かがワンマンになってはうまくいきません。かといって、みんなで出し合った答えしかないのも面白くないでしょう。「1＋1＝2」は事実かもしれませんが、真実ではありません。教え込まれた答えには発展がないのです。「1＋1＝未知」としないと面白くありません。

この世界は、相手に勝ってもいけないし、負けてもいけないのです。だからと言って、妥協することでもありません。すぐ偏ってしまっても、自分の中で辻褄《つじつま》を合わせ、バランスを取っていくことが大切なのです。ここから得るものこそが活路を開きます。本当に勝ちもせず負けもしないことだけが今を超えていけるのです。迷ったときは、胸と肩甲骨の関係を思い出してください。

三つのセンターの調和をはかる

私たちは、思考であり感情であり身体です。人によって優位の違いはありますが、これら三つは平等。それぞれ独立した部門で、言ってみればセンターの「三権分立」です。何か一つが他を支配すると、人間は偏ってしまうのです。

思考、感情、身体の調和が取れたときだけ、スーッと意識が透き通り、その奥がわかります。三つの調和が起こったときに扉が開くのです。何一つないがしろにしてはいけません。では、この三つの調和を取るためにできることはあるでしょうか。

まずフーッと息を吐いて、呼吸を意識します。肩の力を抜いて、無駄な力が入らないように、自分の軸を垂直に立てます。ときどきみぞおちを緩ませます。こうしているうちに、自然に第三の力が溢れてきます。第三の力が溢れてきたら、状況が許せば合掌してください。合掌とは、自分が自分以上の何かにふれたときに、思わず手を合わせること。右手と左手は真逆のもの。真逆のものを合わせると、人は大事な何かを思い出すのです。

やるのは簡単。調和するのは難しい。だけど調和したら、「ふれる」とはどういうことかわかってくるでしょう。

くれぐれも信じ込まないように。「これをやったら第三の力が降りてきました」と言いがちですが、それは降りてきていない証拠です。

第 5 章

条件付きの人生を生きる

百点を目指して頑張る人になるよう調教されている

地球というところは楽しむためにあります。宇宙が味方してくれるような取り組みをしないと面白くありません。髪を切るのも、宇宙が味方をしてくれるやり方があるのです。

髪の毛が「切れ」と言う日があります。「きょうは切らないで」という日もあります。美容院の予約より、髪の毛が「切れ」という日を選ぶと、何かがきれいに整います。簡単そうでかなり難しい。ただこういうと、「髪の毛のメッセージを正確にキャッチしなければ」と思いがちなのが現代人の土台にあります。どうか正解を求めないでください。

現代人の土台とは、「学校の試験は百点を取るほうがいい」と信じていることです。そうとは限らないのに、百点を目指して頑張ってしまう。だから自分のエネルギーを借金している。現代人は借金返済の真っ最中。まんまと術中にはまっています。百点という要求を突き付けられることによって私たちは調教され、「百点を目指して頑張る人」になるのです。

本来、試験とは「この教科に関して自分はどのくらいわかっているのか」、実力を測るための機会。学校の先生は、それをサポートする存在だったはずです。それなのにいつの間にか、「答案用紙を配ったら百点を目指すんですよ」というルールになった。そして、目指したくないのに上の学校を目指す。無駄な労力を使い過ぎ、社会に出た頃にはエネルギーが枯渇しています。本来学問はそこから先を考えるためのものだったはずなのに。

髪を切るのも、百点を目指したらエネルギーを枯渇します。ここからの人生、枯渇のために人生を使うのは無駄な努力。それよりも、本当に自分をわかるための努力が大事なのです。だから髪が切れという日、切りたくないという日は外れてもいい。髪からのメッセージをキャッチできるようにはならないかもしれないけれど、エネルギーは枯渇しなくて済みます。

この話を鵜呑みにしてはいけないけれど、「百点信仰」から出ようとするのはいいことだと思います。ただ、百点信仰の外し方はわからなくていい。自分で外そうとしたら、それは表面意識になってしまいます。表面意識は、自分を変えるためにあるのではなく、今ここで生活していくためにある。今を取り逃がさないで、ちゃんと生きていくだけでいいのです。

ハートと魂は個人に属さない

魂は、故郷である「おおもと」の分け御霊《みたま》のようなものです。海という源泉があり、その水をコップですくったらそれが一つの魂になります。その水を海に返したら源泉とまた一つになる。同じように、魂もまた肉体が死ぬと故郷に戻っていきます。おおもとから生まれてくる魂は個々の肉体に宿りますが、個人に属してはいません。魂は一切人生に干渉することなく個人を見つめています。魂は個人の傍にそっと寄り添い、個人に影響しませんが、人間が魂から行動する時は、何かが大きく違ってきます。ただ、頭では理解できない領域です。

心は、思考や感情、身体に関わります。心はころころ変わるから「こころ」という。物事がうまくいっていると気分は良いですが、大変な状態だと心はずたずたです。それが心の持つ可能性です。心は挫折しながらさまざまなことを学び、それが寄りどころとなります。学ぶことで、個人の領域にあるものは進歩し、幸せになっていきます。

ハートは、魂と似ています。幸せや不幸せとは関係がありません。生まれてきたこと自体が幸せ。成功しようがしまいが、ハッピーだろうがアンハッピーだろうが、健康だろうが健康に恵まれなかろうが、自分の意識が「今ここにいる」ということにふれたら、どんな人生でも生まれてきてよかったと思う。それが無条件の幸せであり、ハートの領域です。しかし、「何かが自分にとってよかったから満たされる」というのは、条件付きの幸せです。

間違えないでほしいのは、「条件付きの幸せがダメだ」と言っているわけではないということ。ちゃんと幸せになったほうがいい。ハッピーとアンハッピーのどちらがいいかといえば、ハッピーのほうがいい。だけど人間は、「何もしなくても幸せ」というところに行かないことには、最終的に満たされることはできません。なかなか実現しないかもしれませんが、人生を懸けるだけのことはあります。

条件付きの人生を精一杯生きろ

私たちは時間の中で生きています。地球に生まれて、そして去っていく、賞味期限付きの人生です。その魂はもともとどこから来たのか。それは「時間のないところ」から来ています。

では思考はどうか。思考は言葉から作られます。では言葉はどこから生まれるのでしょうか。それは言葉以前の思考から来るのです。

私たちは、「言葉以前の思考」「時間のないところ」から来ているため、「言葉以前の思考」「時間のないところ」が内在しています。そしてそれらは、「言葉による思考」「時間のあるところ」より圧倒的に大きいのです。

ところが私たちは、「言葉による思考」「時間のあるところ」に生まれてきました。「言葉以前の思考」「時間のないところ」を知っているにもかかわらず、条件付きの中で生きているのでわからなくなっています。そして、頭で理解しようとします。個人に閉じ込められた「私」がエゴを張り、何でも仕切ろうとするからそこから出られなくなっているのです。だから、「どうすればわかるのか」と、方法を求めます。

「本当のこと」は、方法のある世界から出ないとわかりません。ではどこに出るのか。方法がある世界と、方法のない世界の両方が存在するところです。私たちはそこから生まれてきたのに抵抗しているから、おおもとが何だったかも考えられないでいます。

自分以外の人間から教わることで理解することは何一つありません。だから人の思考や発見で物事を理解するのは意味がないのです。私に頼ってもダメです。なぜなら誰かに頼ろうとするのは、自分でわかろうとしていないからです。自分が自分を縛って、「わからない」という檻《おり》にいるのです。そこで回答を求める限り、同じことの繰り返しです。だから「問題は解決するな」、つまり「問題は解決しない。だからそこから離れて普通に生きれば？」ということなのです。

私たちはどうやっても条件付き人生の外には出られない

生まれてきたとおりのままやればいい。定められたレールの上を進むのもよし。レールが敷かれた人生はごめんだと言って外れるもよし。いずれにしても、それらはすべて筋書きです。

人生は筋書きで進みます。これが時間と空間の中で生きるということです。その条件付きの中で、一生懸命生きればいいだけ。あがいて、うまくいったりいかなかったり、勝ったり負けたり、幸せになったり「これは幸せじゃない」と思ったりすればいい。

幸せの延長線上に幸せはありません。幸せを求めたら必ず不幸せが背中合わせになっているからです。生の背中には必ず死があります。そこから私たちは出られません。なぜならそういうドラマを味わいに来ているからです。ドラマだけれど本当のことです。努力しても努力しなくても、条件の中の話です。

地球で生きる私たちが忘れている大事なことが二つあります。一つはこの、「条件付きの人生の外には出られない」ということ。

地球があり、生まれた国があり、両親と家族がいます。太陽があり月があります。これらはセットです。セットから生まれてきている以上、「私」は存在せず、「私たち」というほうが正しい。ただし、「私」を考える自由はあります。この「私」は究極のフィクションであり、条件付きの人生なのです。

私たちが宇宙の外に出られないのと同じで、条件付きの人生の外に出ようと思っても出られません。出ようとするのは無駄な努力なのだから、そこから出なくていいのです。どうやっても条件付きの人生の外に出られないのなら、まずは観念すべきです。

そして最後まで自分のシナリオを満足いくまでやればいい。そこにアンラッキーが転がっていようが、途中であきらめようが、かまわないのです。

親というルーツに戻る

地球で生きる私たちが忘れている大事なことのもう一つは、「私たちは親から生まれてくる」ということ。親の精子と卵子が結合した物質が「私」です。物質から生まれる誕生を「第一の誕生」といいます。親から生まれ世間で育つ条件付きの誕生。私たちは第一の誕生がなければここにいません。

しかしここで問いかけたいのは、「本当にそれだけだろうか」ということです。私たちはみんな親出身。その条件から絶対出られません。けれども、親に属していない自分がいるのではないか。親から切り離された、広大無辺の世界があるのではないか。

若い頃、私たちはいっぱしの大人になったつもりで、親に口を利いていました。親は親の視点で言葉を返し、それを聞いて私たちは、「親はわかってねえなあ」と思っていました。その言葉は誰から教わったものでしょう。親からです。

私たちは、親から教わった言葉のままでいいのか。言葉以前の言葉があるのではないか。

だからといって、「親はハートについて教えてくれなかった」「言葉以前の言葉があると、親は教えてはくれなかった」と言うのは違います。この地球に生まれてくる親は、誰もが初心者であり条件付きの存在です。自分で探求しないことにはわかるわけがありません。私が伝えたいのは、いったん親から離れてみるということです。

私たちが自らに問うべきは、「物質は、物質ではないものから生まれているのではないか」ということ。親から生まれた私たちの世界と、ハートの世界は同じではありません。人は親から生まれ、世の中で育てられます。しかし、朝日や夕日を眺めていると、親や世間よりもっと大きいものがあるのだと突如気づくことがあります。これを「第二の誕生」と呼びます。くれぐれも言葉遊びにならないように気をつけてほしいのですが、「第二の誕生」とは、「物質から生まれる以前があった」と思い出すことです。このプロセスは焦らないでください。何かの方法によって思い出すものではないからです。

物質以前の世界を思い出したからといって、条件付きの世界の外を目指すのではありません。そうではなく、自分の原点に戻るのです。どうやって大人になったのか、そして自分の仕事とは何か、戻ってみることです。仕事にはドラマがあります。誰かから与えられた仕事もあるし、生きていくためにしなければならなかった仕事もある。それを振り返ってみる。そしてこの人生は幻想でも何でもなく、自分が噛みしめるものなのだとわかってほしいのです。そこに答えがあります。

「一つ目の呼吸は親に」。これは道徳的な意味ではなく、自分の人生で親と向き合うということ。親と向き合わない人生はダメだと思います。向き合った結果「あの親はどうしようもない」「やっぱりあの親はダメだった」と結論づくならいい。なぜならそれがリアルだからです。向き合っているのに、「すごくいい親」「非の打ちどころがない親だ」としか感じないなら、いつまでかしこまっているのかと思ってしまいます。「尊敬できるけど同じくらい尊敬できない」と思うのは自然なことです。逆に、親を「ダメだ」と思っている人が、親のありがたさをわかったら、本当に何かが開いてくるのです。

若いときは、あまり親をわかっていません。しかし、自分が年齢を重ねるほど親への理解は深まっていきます。振り返ると、「いちばんわかってないのは自分だ」と気づく。そして、親をわかっていなかったのではなく、自分が自分をわかっていなかったのではないか。そう思えるようになったとき、親はこの世にいないでしょう。ケンカばかりした親がいなくなり、「わかっていなかったのは自分だった」と深まっていくと、いかに自分がダメな存在か、心底実感するのです。どんな人も、本当にたいしたことはありません。

だから、安心して物質の世の中に戻りましょう。そして自分のルーツ、親に戻るのです。親から生まれた自分に戻ったら、親も自分もたいしたことないと気づきます。

親が偉い人でもそうでなくても、親というのはどこかうそっぽいものです。それでいて自分が死ぬまで親は大切な存在です。物質としての自分を生んでくれたからです。「この世の条件付けから外れるにはどうしたらいいのか」と悩むくらいなら、生きてきたことを振り返ってください。人生は見落としていることだらけです。見落としているから、不満ばかり出るのです。もはや誰かの批判、批評をしている場合ではありません。

「自分は何も見えていなかった」と思えるようになると、知らないうちに開いてくるものがあります。気づいたらギフトの背後の世界に行き着くのです。求めるべきは条件付きの世界の外ではなく、自分のこの人生。そうすれば必ず人生の活路が見えてきます。

私たちは気づいてないことに気づくゲームのただなかに居る

仕事のくくりは大きく、ビジネスだけでなく、家事や子育ても含まれます。

どんな人も、親をどれほど理解しているかが、仕事のバロメーターになります。バロメーターといっても、数字の大きさや結果のインパクトではありません。最期に人生を振り返った時、「私はいろんな人と本当のコラボレーションをしたのだろうか」と自問することです。

この地球では必ず、チャンスには危機や落とし穴がセットになっています。ずっと一人勝ちすることはあり得ません。仕事を通して、成功したりだまされたりしながら、「自分は勘違いしていた」という気づきを得ます。その感覚がそっくりそのまま、この人生、この親、この家族、このビジネスパートナーにつながっていきます。

本来仕事とは、自分が見えていなかったことをわかっていくプロセスです。経済はその代償としてついてくるもの。そして人生は、さまざまな人と出会いながら、気づいていなかったことに気づくゲームなのです。気づいていなかったことに気づくようになると、「このゲームを成り立たせているのは、言葉も時間もない世界。私たちはそこから生まれてきた」と、自然にわかってきます。

「自分が」頑張ることも必要です。「自分が」頑張ると、不思議なことに自分だけでは生きられない感覚がわかってきます。すると親への理解が深まり、この人生の「条件付き」がわかってきて、「条件が外れた世界があるのでは?」と気づくのです。

しかし、「条件付きの世界と条件のない世界がある」という概念から理解しようとすると、抽象的すぎて禅問答のようにとらえどころがありません。賞味期限のあるこの人生は、とらえどころがないものを求めても仕方ないのです。

恐らくあなたは、この時点で自分の親を振り返ったのではないでしょうか。同じ親でも、兄弟姉妹がいたら、兄弟姉妹と違うドラマがあります。「自分の親」に意識を向けて振り返ることができるのは、自分しかいません。そうでしょう。親を振り返ったときはうそがありません。さまざまなシチュエーションの中で「勘違いしているのは私だ」と気づく。それを言葉にする必要もありません。それは誰かがリードすることではなく、自分が気づいたときに、何かがふわりとほほ笑んでいる感じなのです。

ハートは誰かと分かち合う時に現れる

幸せが見つからないから、ハートや魂を求めていく。そして、求めるほど遠くなるのは自分の原点です。

私たちの原点は、あの頃の家族の情景や、現在の家族との時間。自分以外の誰かの人生にはありません。そして自分の家族の中に、見て見ぬ振りをしてきたことがあります。勇気を出してそれを振り返ると、凍りついてしまった自分のストーリーと、そこから出られなくなってしまった自分に気づくのです。

原点に戻ると、自分は何もわかっていないこと、自分のダメさ加減に気づき始めます。すると、人と出会ったとき、二人のあいだに生まれるものがあります。それがハートなのです。

ハートは、必ず人と何かを分かち合っているときに現れるものです。自分一人で到達するものではありません。二人が出会った時に現れる、鮮烈で新鮮なもの。それが私の言うハートです。

魂とハートはニアリーイコール。違うところがあるとすれば、魂は自分の領域に来ることができますが、ハートは自分一人では成り立たないということ。一人で何とかしようとするほど精神力になってしまいます。

「あいつは絶対許せない」と思っていても、相手が困っているシチュエーションでは、やっぱり放っておけないと思う、それがハートです。時として損得を超えたものが人の世にあります。だからハートは普遍的なのです。ハートは自分からしゃべることはできません。誰かと出会った時、その中心でほほ笑む瞬間がハートです。そして恩着せがましくなく、自然に分かち合えるものなのです。

「第三の力」は人知を超えた力です。地球の歴史が始まって以来、小さいレベルから大きいレベルまで降り注いでいます。しかし、ちゃんとした出会いが起こらなければ、第三の力は降りてきません。つまり「問題は自分だけで解決できると思うなよ」ということです。

人は、自分一人の力だけでも、相手の力だけでも、宇宙の力だけでも生きられません。これらはセットなのです。人と人が出会い、お互いが源泉にふれあうとき、「第三の力」は降りてきて、新たなものが生まれるのです。それは小さいレベルかもしれないし、大きいレベルかもしれない。けれど、「第三の力」は人と人が出会って、そこにハートが生まれた時に降りてきます。はるか昔から宇宙に流れ、そして宇宙の奥底までも響いている、非常に大事な法則です。

朝日を見た時に手を合わせるのも同じ法則です。「自分の中の太陽」と「外の太陽」がふれあい、「本当の太陽」に接するからです。そのとき、「私が」というより、「みんなが」地球に生まれてきたという感覚が訪れます。「私」と「私以外」は分かれてはいないのです。

第6章

タオが教える「ツキ」の作り方

私たちは見過ぎゆえに五感が偏っている

ノウハウより大事なこと、それはバランス力です。バランス力は、自然界を眺めることで養われます。「眺める」の背後には「くつろぎ」があります。本当にくつろいだ時しか「眺める」ことはできません。眺めていくと自然に「見る」ようになります。そして「見る」が「観る」に変わっていきます。「見る」のは外にあるもの、「観る」のは内にあるもの。この力は鍛えるものではありません。ちょうど野生動物の赤ちゃんたちが、じゃれ合い遊びながら、何かが定まって一人前になっていく感覚に似ています。決して、何かを目標にして鍛えているわけではありません。

私たちも、デジタルの画面から少し離れて、「命あるもの」を眺める。そしてくつろぐ。くつろいで眺めていると、自然界とともに生きていく眼力につながります。

今の私たちは「見過ぎ」なのです。水の音に耳を傾けていると自然に奥まで響いてくるはずが、見過ぎであるゆえに、心ここにあらずの状態になり、水の音をシャットアウトしています。

私たちの五感は関連し合いながら、バランスを整えていきます。だから迷ったとき、どうしたらいいかわからないときは、五感にさらされるところに身を置くことが大事なのです。キャッチしている五感に対して、自分が選《え》り好みをしてしまうことが日常の偏りです。行き詰まるのは自分が偏っているからです。だからといって、偏りを自分の力でなんとかしようとするのではありません。

集中して見たり聞いたりするのではなく、今起こっているすべてをただキャッチするだけ。くつろぎながら、ただそこに身を置く。そうすれば自然に角《かど》が取れてきます。起こっていることをすべて察知し、それに対して素直になる。これが「眺める」という状態です。

「そんなことでいいんですか」と言う人がいますが、そう言う人に限って偏っていたりします。偏らずにいるのは難しい。そして本当に「眺める」ことは難しいのです。

一日にせめて十五分でもいいから自然界を眺める

自分が耐え切れなくなる前に、二十四時間のうちのほんの数パーセントを、ただ自然界を眺める時間に当てることです。部屋の中の観葉植物や、窓から見える青空でかまわない。もちろん野山や海に身を置けるのであれば上等。うまくいこうがいくまいが、一日にほんの少しでもいいから、自然界を眺める時間に身を置くのです。

このとき、最初は一定の場所を決めます。自分が好きな場所でかまいません。屋外でも屋内でもいい。でも、慣れてきたら場所にこだわり過ぎないこと。人というのはこだわり過ぎると「そこじゃないとダメ」と条件付けをしてしまいます。自分で人生に条件付けをする必要はまったくありません。だから、こだわり過ぎない。そして、結果を求めない。なぜ結果を求めないのか。それは、生きることでバランスが崩れているからです。

バランスが崩れているときは、何かを見ても、どんな仕事に取り組んでも、本当のことがわかりません。それでも仕事はやらないといけないし、生きていかなければならない。だから、自然界を眺めるのです。そして、バランスが崩れていることを恐れず、仕事に取り組むのです。「バランスが整ってからやろう」では遅過ぎます。時は待ってくれません。この世界では、時は共通に刻まれます。私たちはみんな同じ時間軸の中で生きているのです。

仕事ができる人は「その瞬間」を待つ

ビジネスは、人間が条件付きの世界で生きていくうえで非常に大事ですから、そこで大いに遊び、成果を出してほしいと思います。そのためにも、私たちは同じ時間軸の中で生きていると同時に、人によって時間の選び方があると知る必要があります。誰しも平等に一日は二十四時間ですが、不思議なことに選び方によって時間の差がついてくるのです。

私自身はビジネスパーソンではありませんが、ビジネスをしている魅力的な人たちと数多く出会い、今も交流があります。仕事ができる人たちは、仕事に憑依《ひょうい》されていません。自分の時間をちゃんと生きています。地球でビジネスとともに生きているのです。そういう人たちは間違いなく、オファーや交渉事のレスポンスが早い。わかることはすぐ答えてくれますし、時間がかかる案件は、どのくらいの時間がかかるのかをすぐ返してくれます。しかし、そうでない人たちは「忙しい」と言いながら、わざと時間をかけるのです。

同じ二十四時間でも、仕事ができる人たちは時間がたくさんあるように見えます。実際は忙しいのかもしれませんが、充実しているように感じます。時間は生み出すことができます。いつ寝ているのかと思いますが、ちゃんと健康です。そして仕事に穴を開けず、人間関係もうまくいっている。彼らはいつでも目の前の「できること」をすぐやっている。その結果なのです。

ある版画家は、多くのクリエイターがそうであるように、描くべきものが来ないと製作しません。来ないのに無理やり作っても仕方がないからです。だからひたすら待つ。待てないときは虫を捕ったり、お酒を飲んだり、自分の好きなことをします。ところがひとたび「それ」がやってきたら、すごいスピードで製作します。なぜかというと、来たものを今やらないと取り逃がしてしまうからです。待っていてくれません。

多かれ少なかれ地球を楽しんでいる人は、自分中心で生きてはいません。すべての存在や物事は、それぞれのタイミングで生きています。自分がこうだと思っても、みんながそのタイミングに合わせてくれるわけではない。タイミングを合わせてくれているとするならば、それは多分しっぺ返しが待っている。いろんな人がいろんなところにタイミングを合わせてくれているのだから、それを待つ。それが来たら、逃してはいけません。

ありとあらゆる瞬間は常に刹那の出会いです。瞬間とは出会いという意味。その瞬間を取り逃すのは、今、出会っているものを生かさなかったということです。そしてその瞬間に出会ったら、緊張するのではなく、むしろくつろぐ。そういう余白がなければ仕事というのはできないのでしょう。

自然界と呼吸が合うと縁も結ばれる

この地球は条件付きの世界なので、私たちはいつでも何かと出会っています。「何か」との出会いに合わせていくと、時間も協力してくれるようになります。時間はマジックなのです。だからビジネスチャンスもやってきます。

この隠れた意味は、本当は地球時間の一日が二十四時間を超えられるということです。あくせくし過ぎるとバランスが崩れるし、のんべんだらりと過ごしてもバランスは崩れる。すると「何か」を取り逃してしまう。だからバランス感覚が大事なのです。人も物事も、バランスを取って生きている。だから出会えないこともあります。でもバランスとバランスのあいだで出会えたら、そこに必ず縁が結ばれるのです。

縁を生かす人は時間を選んでいます。時間を選ぶということは、そこには必ず呼吸がある。時間を選ぶ感覚と呼吸を選ぶ感覚は一つ。起こっている物事と呼吸を合わせるということです。呼吸がずれると出会いがありません。呼吸が合うから出会いが生まれます。

だから時々は一人になって、自然界と呼吸を合わせに行くのです。いちばんいいのは海に行くことです。海を眺めていると、意図しなくとも波と呼吸が合ってきます。山に登ってもいいでしょう。山で空気がおいしいと感じたら、大自然と呼吸が合い始めています。これも、私たちの原点です。大自然と呼吸のタイミングが合うことは、時間を選んでいるということ。大自然とのタイミングが合うようになれば、人との呼吸も合うようになります。

天運と地運

仕事にはツキが影響します。たとえばさまざまな条件が整う、アイデアが湧く、ビジネスパートナーに恵まれる、時流に乗る、これらがないと仕事はうまくいきません。人それぞれ「流れ」を持っています。それを無視して、やることだけやればいいと思っているとタイミングがずれていきます。タイミングがずれてしまうことをツキが悪いと言います。何だか知らないけどうまくいっている時は、ちゃんと運が味方しているのです。運より縁のほうが大事、でも縁だけでは仕事はできない。運も無視できないのです。

この世界には天という人間の手が届かない領域があります。天の領域には固有の流れがあり、これを天運と呼ぶことができます。天運は人間の手が届かない流れなので、基本的に私たちが太刀打ちできるものではありません。天運を何とかしようと努力しても難しい。それを知っておいてください。ただ、「わからない」で終わらせてはダメなのです。誰かのせいにするようなビジネスは卑屈になるし、潔くないし、お互いに嫌ですよね。天の領域を侵してまでやる必要はありませんが、自分が選べる領域のものは自分で選ぶ必要があります。

天があれば地があります。地にも流れがあり、それを地運ということができます。地運は、自分の人生を切り開いてく力です。自分の身を支え、流れをコントロールすることが必要です。そのためにまずやるべきは、自分が食べる物に興味を持つこと。「そんなことでいいんですか」というみなさんの声が聞こえてきそうですね。実際にやってみればわかります。といっても、カロリーや栄養素、最新の情報に意識を向けることではありません。もちろんそれらの情報を採用してもいいのですが、最後に決めるのは自分です。誰かの理論より自分の選択が非常に重要。それが「ツキ」の基礎となります。

自分と相談して決めることで地運を作り上げていく

食べることは、非常に奥の深い領域です。食べ過ぎると胃腸がもたれ、消化に必要以上のエネルギーがかかり、パフォーマンスも落ちます。食べなければいいかというと、エネルギー不足で元気が出ず、仕事に支障が出ます。食べることは理屈ではありません。地球で生きるということはおいしく食べること。食べ過ぎても食べ足りなくてもおいしくありません。

本来、人は自分にとってのちょうどいい量を加減できます。適量は人によっても、日によっても違います。自分でいろいろやってみないことには納得できません。それでいいのです。加減する力とは、誰かが頭でこうだと決めて強制するものではない。人のアドバイスが参考になるかもしれませんが、どのくらいを、どのタイミングで食べるのかは自分の感覚でしかわかりません。だからちゃんと自分と相談することです。「あなたはもっと食べるべきだ」「あなたはこれ以上食べてはいけない」と言われたとしても、自分が大丈夫だと思ったらそれでいい。自分が自分をコントロールしている、これが地運です。自分にはセルフコントロールする力があることを忘れないでほしいのです。

誰かが決めたとおりに生きるのは楽ですし、むしろ調子がいいかもしれません。けれども自分がコントロールして流れをつくり、充実して生きることとは意味が違います。誰かの言いなりになって快適な人生を送っても、「まるで誰かの人生を生きているようだ」「これは私の人生ではない」と感じるようになります。そしてうまくいかなくなったとき、誰かのせいにしてしまうのです。自分で自分をコントロールする領域がなければ、人生は面白くありません。

天運は難しくても、地運は自分でコントロールできます。だから自分が何を食べるかということに興味を持ってください。でも、誰かの言っていることを百パーセント採用してしまったら、それは誰かのコントロール。自分の食べ方は、最終的に自分で決めたらいい。なぜなら地運は自分で培うものだから。ツキという、自分でコントロールできる領域だからです。

食べることは「天の恵み」が密接に関係します。こういうと「天の恵みだから何でもありがたく受け取らなければ」と無批判になりがちですが、これも大間違い。天の恵みも選ばないとダメなのです。運勢の基礎は食べること、そして選ぶこと。何度伝えても足りないくらいです。

そして、満腹感は人をダメにします。私たちは宿命として命を食べないと生きていけません。天の恵みはありがたくいただくけれど、お互いの命を支え合っているのだから無駄に食べてはいけない。その姿勢は必ず自分の仕事に影響を与えるのです。

物事はアンバランスから生まれる

バランス感覚はいつでも宇宙に宿っています。たとえば、地球は自転をすることによって風が生まれます。強風の時もあれば無風の時もあります。

これは人も同じ。動けば「風」＝「流れ」が生まれます。大事なのは、自分の「流れ」を実感することです。自分の流れに気づくと、人の流れが自分と違うことに気づきます。この時、自他の違いを恐れてはいけません。「流れ」が違うから人に興味を持つのであり、対話が生まれるのです。そして、無理にお互いの流れを合わせようとしないこと。違う流れを持ちながら一緒に何かをすることが大事なのです。そこから出てくるものがバランス感覚です。

人は必ず運の流れを持って生まれてきますが、平等ではありません。物事は必ずアンバランスから始まります。完璧な状態には停滞しかありません。ですから私たちがまず知るべきは、運という流れが自分の根本にあること。そして自分の運の流れがどういうものかを知る。その後にようやくバランス感覚がわかってきます。

天と地をつなぐものは人です。天運と地運がつながって人運となります。人が「天地人」を理解することは不可能ですが、天運、地運、人運がどんなものかを理解することは可能です。この三つがわかってくると、自然に天人地のバランスが取れるようになり、トータルとして「これでいいのだ」という感覚になります。

ビジネスを支える人運の正体

人の幸せは人運にあり、仕事もまた人運に左右されます。では仕事における人運とは何なのか。

人と仕事をすると、自分の流れと相手の流れが違うことを実感します。相手と自分は違うとわかること、それがすでにバランスです。相手を自分色に染めることは人為であり、バランスではありません。相手を自分色に染めずに並走していくことがバランスなのです。

人と人とのバランスは、自然界や宇宙に存在するバランスと何も変わりません。バランスは物質ではありませんが、宇宙に満ち満ちています。そして、人の世で生きることこそバランスなのです。

だとしたら、食べることとは、食べ物と自分とのバランスではないか。自分の食べ物を自分で選ぶことは、最終的に、食べた物と自分が心地よくバランスするためです。そして、他人が食べたい物と自分が食べたい物は往々にして違います。その違いが心地いい。「違っていて心地いい」を続けていくと、「私たちは違っていていいんだ」と、奥から感じることができる。これが人運のベースにあるものです。

これまで人間は、たった一個のこの地球上で、一方が勝って一方が負けるゲームを繰り返してきました。そういう駆け引きばかりで本当にいいのだろうか。本当の幸せとは何なのか。私たちはもっと視点を広げなければいけません。

人には仕事を選ぶ自由があります。どの国で展開するかも何を仕掛けるかも自由。誰と組むかも自由です。ただお金儲《もう》けだけすればいいと考えると、必ず誰かにしわ寄せがきます。

不満が時代を壊していく

仕事は何のためにするのか。答えは単純明快。幸せになるためです。人と協働することによって幸せを味わい、相手も「この人と組んでよかった」と実感すること、そこに本当のビジネスの進化があります。もし一方だけが幸せになり、もう一方が不幸せであれば、必ずしっぺ返しがあります。なぜなら一方がもう一方を貶《おとし》めているからです。人を貶めるものは自分に返ってきます。

才覚ある者は、人を集めて大将になります。「これは俺の組織だからみんな協力してほしい。黙って働いてくれれば生活を支えてやるから」と言い始めたら、これはなかなか悪いジョークです。そういう組織は長続きしませんし、人々から不満がたくさん出てきます。不満というのは、自分が地球から去った後もずっと残ってしまうのです。実は、生きている人間より、不満のエネルギーのほうが遥かに多く残留していますす。その不満の量が最高点に達したとき、ご破算になってその時代は終わり、また新たな時代になる。地球はその繰り返しなのです。

結局、少しずつかもしれませんがすべては自分が原因です。すべてのしわ寄せが来て、うまくいかなくなる。そして今は、「うまくいかない状態はもうそろそろいいでしょう」と、みんなが思い始めているタイミングです。

「もうこんなのこりごりだ」と言って去っていく人が多いのは、やはり良くない。「大将だけがわかっていて、あとの人は従えばいい」というやり方に、もう違う風が吹いています。「そうだ」と思える人は筋がいい。ビジネスのやり方を変えていけるでしょう。そして地球の流れに沿う働き方に変わっていくはずです。

ただ、忘れていけないのは私たちの親世代のことです。親たちは、家族が少しでもいい生活を送れるように、子供たちが立派な大人になるようにという願いから、人に頭を下げてお金を得てきました。嫌だと口にしたことはなかったとしても、我慢することは多々あったでしょう。それを見て子供たちは「親のようにはなりたくない」と思ったかもしれない。

もしそこで止まっていたとしたら、それはあまりにも理解がなさ過ぎます。私たちはもっと、前の世代の生き方に光を当てなければいけません。生きるため、家族を養うために、夢なんて持っている場合ではなかった。そういう人たちが支えてきたことを、身近に見てきた私たちはわかる必要があります。

そのうえで、次の時代に何をつないでいくかを見極める。やはり良くないものは良くないのだから、本当にそれでいいのかと問いかけなければいけないのです。

第 7 章

源泉から来たものを源泉に返す

バッハに降りてきた音をカザルスが返す

世の中に「読めない本」というのがあります。わかる人にしかわからない本。私も、誰かに「わかった」と言われたら焦ってしまうような本を書きたいと思っています。バッハがそうでした。バッハは第三の力が来たとき、それを譜面に起こしました。ところが同時代の人たちや、亡くなってからしばらくの時代、誰もバッハに興味を持ちませんでした。なぜなら誰もその譜面を弾けなかったからです。今の私たちからすると、弾けもしない楽譜を書けるわけがないと思いますが、読めない本があるように、読めない譜面もあるのです。バッハは、絶対感覚で譜面を書きました。バッハ自身も降りてきた曲を聴いたことがありません。演奏できる人がいなかったからです。しかし確実に、自分の中では鳴っていました。

そして歳月は流れ、ある海岸沿いの古楽器店に、一人のチェロ奏者が導かれるように入っていきました。彼は楽器コーナーを通り過ぎると、奥にあった古い譜面の前で足を止めました。本人は「それが落ちてきた」と言っていますが、本当はふれたのかもしれません。

「見てはいけないものを見てしまった」

彼はその古い譜面を見なかったことにして、店の外に出ました。「あんなものが弾けるなんてとんでもない。取り組んだら最後、人生めちゃくちゃになる」と思って逃げたのです。でも、出会ってしまったらどうしようもない。演奏家である以上、「自分がこれを弾かなければ」という義務感もあったでしょう。しかしそれは、とてつもない挑戦の始まりだったのです。

彼こそがパブロ・カザルス。名曲と言われるバッハの「無伴奏チェロ組曲」を世の中に知らしめたチェリストです。今となっては、プロのクラシックチェロ奏者なら弾けるであろう名曲ですが、カザルスがこの譜面と出会わなければ、バッハのこの曲が世の中に生まれることができなかったのは事実です。演奏方法の革命を起こしてまで奏でた「無伴奏チェロ組曲」。その音は、かつてバッハに訪れたものでした。時を経てカザルスが弾くことによって、源泉に返したのです。

私たちが「待合室」でやることは源泉に返すこと

誰も鳴らすことのなかった楽譜。しかし、弦を弾いて空気を振動させることができれば、多くの人が初めてその音を聴くことができます。それを聴けたら、何かが心の中に入っていきます。そこに源泉があります。バッハという天才に降ろされた曲が、もう一人の天才によって演奏された。それは、源泉から降りたものが源泉に返ったということ。地球が進化するのはそういうときです。時代を経ると、その音は当たり前になります。当たり前になると、表面的に処理されてしまう。そうなると、源泉からバッハに来たものは、カザルスが逃げたほどの「本当のもの」との出会いとはならないでしょう。源泉から降ろすだけではダメで、源泉に返さないといけないのです。

カザルスが源泉に返すことができたのは、彼の才能だけではありません。それまで地球に生まれてきた数々の人の人生がサポートしたからでしょう。それがカザルスの演奏を可能にしたのです。遺産が生まれるためには、個人の力だけでは絶対無理です。

全員の人生がどこまでも必要になります。だからこそ、自分の人生を顧みてほしいのです。

私たちがこの三次元世界で送る人生という「待合室」でやることは、源泉にそっくりそのまま返すということです。それを還元というのです。

私たちは今、宇宙から生まれた

誰もが、時間軸ではご先祖様から続く流れで両親から生まれます。しかし大胆なことを言えば、今ここにいるのはご先祖様の流れではなく、今、宇宙から生まれたばかりの自分です。そして両方正解です。

ご先祖様の流れで親から生まれた「時間軸の中の私」。だけど、「私がいる」という感覚は、父母からきた私ではない。今いる感覚というのは、今、初めて宇宙から生まれたという感覚なのです。それなのに、人は時間と空間の世界を引っ張ってきてしまう。時間も空間もなく、「今ここにいる」というところに迷わず入れたら、「今」になります。

昔、カタカムナを伝えた楢崎皐月という人が、星を見上げてこんな話をしたそうです。

「今、星の光が地球上に届いていますが、それは何万光年もの先から発せられたものです。何万光年先ということは、もしかすると現在その星は存在しないかもしれない。皆さんはそう思いますか？　私はそうではないと思う。確かに何万光年の時間をかけたかという計測の仕方もあるでしょう。でも、光は今届いているのだから、絶対それは『今』の話なのです」

バッハに降りてきた音を、数百年後のカザルスが取り出した。それは歴史の話ではありません。カザルスが奏でるバッハの音を私たちが本当に聴けたとき、それは源泉からきているのです。言葉も同じです。言葉以前があり、言葉が今編み出された。どう考えてもそれが正しい順番なのです。

言葉以前に戻る

私たちはふだん言葉で考えています。では、言葉ではないもので考えるときはあるでしょうか。

今は言葉が確立されているために、私たちは言葉を駆使して生きています。しかしおそらく、言葉に引きずられて生きてしまうことがほとんどでしょう。だから私たちは今一度、言葉の源泉を本当に手に入れることが大切なのではないか。つまり、源泉から言葉をしゃべる人になり得る可能性があるのではないか。私たちはいつでも言葉以前に戻ることができるのです。

たとえば、二番煎じ、三番煎じだとわからないことがあります。翻訳業が悪いわけではないのですが、仮に翻訳を例にすると、翻訳という一手間が入ると、オリジナルでわかるべきことがわからなくなる可能性があります。だから、オリジナルの人と出会うことは大きな意味があるのです。言葉も同じです。

この世界にはさまざまな次元があります。高次元の人たちのほうが優れているのではないかと思いがちですが、高次元の人たちですら「源泉が見つからない」と悩んでいるのです。どの次元からも源泉は一つ。だから、高次元に行く必要はない。スピリチュアルな問題であれこれ悩むくらいなら、しっかりビジネス中心で生きたらいい。そしてこの時代、起業家も、新しいビジネスを生み出していく人たちも、二番煎じ、三番煎じをやっていてはダメなのです。

だから源泉からキャッチする。源泉からキャッチすることで、仕事も人生もしっかりはまります。せっかくビジネスの世界で生きるのなら、自分の源泉にふれること。時代はそこを求めています。作り変えや組み合わせなら機械やＡＩがやったほうが優秀かもしれない。けれども源泉は違う。源泉は機械やＡＩではふれることができません。

恩寵に委ね続けることで源泉に到達する

言葉で思考する世界をロジックと言います。言葉で組み立てる論理的思考の世界です。論理的思考が成立し得るとするなら、日本の伝統ではなくヨーロッパ、特にギリシャの伝統のなかにおいてでしょう。ギリシャの伝統なら、論理的思考でかなりのところまで研ぎ澄ますことができます。源泉にいくことも可能です。論理的思考にも言葉以前はあります。

一方、日本の伝統では、ほとんどの人が論理的思考で源泉までいくことはできません。堂々巡りになる可能性があるので、日本語で論理的思考に力を注ぐのはあまり建設的ではないのです。しかし日本の伝統にも、言霊という言葉以前があります。

では、言葉以前とは何なのか。

私たちはいつも言葉で考えます。「どうなっているのか」「どうやればいいのか」と論理的思考を始めます。

今、星の光を見た。その時、「すごく遠いところから光っているんだろうな」と思ったら、それはただの取り組みになります。私たちは地球にいるため、時間と空間を考えてしまうからです。しかし、時間と空間に属してしまうと、自分の思考パターンにからめ取られてしまいます。

瞑想ですらそうです。委ねることを大事にして瞑想を始めたはずなのに、気づくと人は、「どうすればいい線に行けるの？」と、ハウツーに戻ってしまいます。よしんば委ねて「いい線」になったとしても、「この『いい線』はどうやってキープするの？」と考え始めるのです。こうなったらまったく委ねてはいません。ハウツーの世界に戻っています。「委ねないといけない」と気づき、再び委ねる世界に入っていく。しかし気づいたら、またハウツーの世界に戻っている。この繰り返しが絶え間なく起こっています。

源泉は、自分で努力して行けるものではありません。「恩寵《おんちょう》」というしかない世界です。恩寵に委ね続けていくと、その恩寵によって、自然と源泉に引き戻されるのです。

委ね続ければ、努力や論理的思考に戻ることはありません。想像するより簡単に、源泉に引き戻されていきます。

内なる太陽があって外なる太陽が見える

太陽は宇宙空間にあります。自分の外側にあるともいえます。私たちは太陽を見たとき、目のレンズを通して像が入ってきます。その像は視神経を通って脳内のスクリーンに投影され、太陽となります。

ただその前に、自分の中の太陽がなければ、太陽を見ても認識できないのです。つまり、太陽を見て「太陽だ」とわかるのは、太陽を内側に持っているからです。これは習うことではない。これが太陽だよと覚えさせられたものではなく、最初から人間の内なる世界に太陽がある。そのことをわかったほうがいい。逆に、内なる太陽を持って全人類が生まれてくるから、外なる太陽があるという言い方もできます。順番が逆なのです。だから、外の世界と内の世界の両方を認識したときに、本当のものがわかるのです。

ところが多くの人は本当の太陽と出会えません。なぜなら外の太陽しか見ていないからです。これが本当の覚醒に至らない理由です。最初は太陽を見て感動したのに、やがて感動しなくなるのは、だんだん「太陽とはこういうものだ」と習うからです。でも、習う前の内なる太陽を常に心の中に持っている人は、本当の太陽と出会います。言葉をちゃんと言葉に返す、これと同じことなのです。

人は、内なる世界があるから外なる世界をつくって生まれてきます。素粒子や原子構造といった外なる世界を認識できるのは、それが内なる世界にあるからです。外の世界にあらゆる物質があるのは、もともと内側にすべての原型があったからです。外の世界を探求しても何もありません。言葉以前の言葉、太陽以前の太陽、あらゆることがそうです。

もはや言霊は失われている

言葉はどこから来たか。

はるか昔、人類が言葉を習得した、というのは歴史的な考察です。時間軸だけで考えるので、「言葉以前から言葉が生まれたのは遠い昔。遠い昔に編み出された言語を、今も使っている」という歴史認識で終わっています。人は言葉を届けようとして、時間と空間にからめ取られているのです。

だから今は、発声していれば意味が伝わると思っている安易さがあります。言葉が記号になっているのです。意味は伝わりますが、心には響いていないでしょう。

昔は、言葉に言葉以前のものを乗せていたから、言葉が奥まで突き刺さっていました。そして、言葉を奥までちゃんと返していたのです。

ある不世出の名人がいました。逆子の妊婦さんが相談に来たとき、何の施術をするわけでなく、「逆《さか》さだよ」と言ったら、元に戻ったというエピソードがありました。これが可能になったのは、言霊だからです。本当に言霊なら、通るに決まっているではないですか。でも、そんなことは通らないと思っている世の中は、言葉を大事にしなさ過ぎなのです。

私たちは、お母さんのお腹の中で約10カ月間育まれます。その間《かん》、両生類、爬虫類、哺乳類と、進化の過程を辿《たど》っていきます。そのため脳の奥には大昔の脳が残っていま す。進化のすべてを持って、人間になって生まれてきます。言葉以前のものもちゃんと入っています。

それなのに今の私たちは、言葉を覚えてしゃべっているけれど形だけです。「どう話せば意味が伝わるのか？」という話ばかりしています。昔から続いた言葉遣いをただ継承しているだけだからそうなってしまうのです。これでは伝えたくても伝わらなくなるものもあります。

たとえば赤ちゃんは、「ばー」と声を掛けたときに、片言で何か返すでしょう。パパやママが投げ掛ける言葉には、必ず「言葉以前」があります。その言葉以前をちゃんと感じ取って、赤ちゃんはちゃんとお返ししているのです。ところがだんだんパパ・ママが意図を狙うようになり、子どもも物心が付いてくると、ただのおうむ返しになっていきます。子どもには自我が生まれてきます。子どもから返ってくるのが「言語」になると、親も「言語」で会話するようになります。時に親が傷付くほど、言葉が凶器になることさえあります。

「文明は言葉から始まる」と言われますが、アイデアは言葉からはきません。言葉以前の思いがあったから文明が生まれました。ところが、たくさんの文明があったはずなのに、ただ享受されて滅んでいきました。なぜか。「言葉を言葉の源泉にお返しする」発想がなかったからです。

今の私たちに必要なのは、言葉以前に気づいて、言葉以前を載せてしゃべれるようになること。そういう人が増えれば、まだ「可能性」はあります。

失われた言霊を取り戻す「言葉の恩返し」

現在の日本語には言霊がありません。もはや日本語ですらない。人々は、習った言葉しか使っていないからです。言葉に意味が入ってないでしょう？　ただ単に真似しているだけ。だから、言葉が奥まで届かないのです。今は「おはよう」と言ってももはや「おはよう」ではない。単なる記号になっているではないですか。だから今の言葉は、最初に言葉がつくられた頃から相当エネルギーが落ちています。言葉にエネルギーがないのです。

本来の言霊は内なる響きです。「もともとある内なる世界」から、外の世界に生み出す力を言霊と言ったのです。その言霊が、今の時代は失われています。

人生がとても苦しいとき、神社に行ってお参りをすることがありますよね。お参りするとすっきりしますが、多くの人はそこで終わります。そしてまた行き詰まる。なぜかというと、お礼参りをしないからです。自分が苦しいときだけの神頼みは成果を結びません。必ず解決した後に同じ神社でお礼をすることが大切です。「お礼参り」は、同じ悩みの状態だったものをちゃんとお返しすることなのです。

言葉も同じです。言葉以前のものを、「言葉で世間に投げかけて終わっている」から、何の成果も残らない。そして、ビジネスチャンスも泡と消えてしまうのです。

言葉以前から言葉は始まりました。その言葉を源泉に返すこと。つまり、言葉を届けるのではなく、「言葉の恩返しをしながらしゃべる」ことが大切なのです。

対話をするとき、言葉を言葉で相手に投げ掛けてないか。

「言葉以前」をちゃんと乗せているのか。

それが「言葉以前と同じものを源泉に返す」ということ。私たちの中に、言葉以前があることを思い出すことができれば、昔のように力のある言霊を取り戻せるのです。

第 8 章

この世には「太刀打ちできるもの」と「太刀打ちできないもの」がある

太刀打ちできるものと太刀打ちできないもの

生きていると、太刀打ちできるものと太刀打ちできないものの二つがあることを、まず押さえておくことが大事です。太刀打ちできないものは仕方がありませんが、太刀打ちできるものはちゃんとやったほうがいい。なぜならそれは自分の人生そのものだからです。

天変地異は太刀打ちできません。たとえば地震は地球上のどこかで小規模から大規模までさまざまなレベルが常時起こっています。大地震に出会うと、本当に私たちは途方にくれてしまいます。私は日本でも海外でも大災害に遭遇しました。大災害は来ないに越したことはありませんが、「来る」と思っていたほうがいい。そして、確実に私たちがコントロールできない部類です。

ただ、どこに避難したらいいのか、家に何を用意しておくべきか、できる対策は講じておくことです。これは自分でできることですから、できる範囲のことを、マニュアルというより、自分のアンテナを立ててしっかりやっておきます。

では、縁はどうか。人生はすべてが縁で成り立っていると言っても過言ではありません。振り返れば誰にでも「縁がある人」がいるはずです。その縁はどうやってできたのでしょうか。確かに自分で努力して培った交友関係もあります。けれども、努力していないのに縁のある人がいる。どんなに「この人と仲良くなりたい」と思っても結ばれない縁もある。摩訶《まか》不思議なものです。そう考えた時、やはり縁は太刀打ちできないものかもしれないと気づく。「縁は、自分でコントロールできないもの」と表現するほうが適切でしょう。

「ただいま」と「おかげさま」の感覚

ここではっきりわかったほうがいいのは、「最終的にはご縁。自分が生きている地域、国、地球、それらとのご縁なのだ」ということ。そこで私たちが考えるべきは、

「そこに住まわせてもらっている縁をないがしろにしてないだろうか」ということです。

災害は起こるべきではないということではありません。そうではなく、自分たちが居住している場所があり、そこで寝起きしているという事実を再認識することです。居住する場所は、戸建てだったりマンションだったり、借家だったり持ち家だったりさまざまです。どんなに素敵な場所に出かけて行っても、ホームグラウンドに帰ればほっとします。家族がいるかいないかは関係ありません。習いもしないのに、自然と「ああ、ここに帰ってきた、ただいま」と感じる。それが「おかげさま」という感覚です。「私のおかげ」でも「あなたのおかげ」でもなく、「おかげさま」なのです。

ところが、「おかげさま」という感覚があるにもかかわらず、時代が進んで現代になると、普段はほとんど意識しません。それは「私」という感覚のほうが大きくなってきたからです。「私はどこそこの会社で何をやっている」「私は運がいい（悪い）」「私が、私が……」。人生で、「私」という主語が多くなってしまいました。私が大丈夫ならいい、私が健康ならいい、私がこうであればいい、という話が増えていくうちに、「私のおかげで」という文脈に慣れてしまったのです。

「おかげさま」の感覚と「ただいま」の感覚は似たところがあります。そして本当は誰の心にも、「何に対しての『ただいま』なんだろう」「何に対しての『おかげさま』なんだろう」という疑問符があるはずです。これは本を読んでも誰かに意見を聞いてもわかりません。

「ただいま」「おかげさま」の感覚はどこから出てくるのか。ここに、太刀打ちできないものに対する一つの流れが生まれます。

太刀打ちできない災害に対して避難袋を用意したり避難場所を確認したりすることは非常に大事なことです。でもこれは二番目に大事なこと。対応する、対処する、というのは確かに大事ですが、物事の二番目なのです。

では一番目に大切なことは何か。それは、太刀打ちできないもの、コントロールできないものに対して、自分の中から自然に生じてくる何かを錆《さび》付かせてはいけないということです。

自分の中にある「おかげさま」の本質

どこで暮らせば安全だろうかと考えるかもしれません。しかし地球というところは、どこに行っても命の保証はありません。なぜかというと、生かさせてもらっているから生命なのであって、自分の努力でなんとかなるものではないからです。もちろん自分の努力は捨ててはいけない。けれども、太刀打ちできないもののなかで私たちは生きている。そうであるなら、習っていないものを私たちは思い出すべきです。それは人に教わることでも勉強することでもなく、もともとあることを思い出すことなのです。

「おかげさま」とは、自分の原点、自分が帰るところ。今住んでいるところでもいい。もっと遡って、自分の人生が始まった場所やその周辺を思い起こしてみる。

記憶のまま残っている場所もあるかもしれませんが、やはり微妙に景色は変わっているはずです。幼い頃の景色がまったく思い出せないほど、当時の面影が失われた土地も少なくないでしょう。

でも、心の中には原風景があります。思い浮かべれば、育った場所への懐かしさを感じるはずです。ただ懐かしむだけではなく、そこにある、自分を支えてくれているものを考えてみるのです。昔からご先祖さまが守ってきた場所。幼い頃、夏祭りや秋祭りのたびに爺様《じさま》や婆様《ばさま》たちがやっていたことを思い出す。その爺様や婆様たちも、幼い時に自分たちの爺様や婆様たちがやっていたことを見ていたのです。こうして大事にしてきたものが続いていくことに何か価値がある。そこに、自然に何かを思い出す感覚があります。

現代人はすべてを「個人」に帰着させがちです。自分は自分と思って生きています。しかし、すべての人に思い当たるのは、言うまでもなく「やっぱりひとりでは生きられない」ということ。このフレーズを、何度も耳にしてきたことでしょう。ただ、

「ひとりでは生きられない」という意味が、自分の奥の奥まで入っていただろうかと振り返る必要はあります。

時代とともに人が浅くなり、ややもするとすぐ恐怖にとらわれます。「大きな地震が来たら怖い」「戦争になると怖い」。それは怖いですが、それと同じくらい「やっぱりひとりでは生きていけない」と思うことも大事なのではないか。「おかげさま」＝「ひとりでは生きていけない」という感覚をまず大事にしないといけないと思うのです。

太刀打ちできないものは委ねて太刀打ちできるものは克服する

「生まれてくるときもひとり、死ぬときもひとり」という表現があります。出産や看取りに立ち合うとよくわかるのですが、人はひとりで生まれてくることも、ひとりで亡くなることもありません。孤独死でさえさまざまなサポートがあって亡くなっていきます。

地球にやってくること自体がチャレンジです。生まれてきて良かったこともたくさんあるでしょう。でもやっぱり、人生は苦難のほうが多いではないですか。これで永遠に生きるとなると大変です。だから、この地球を卒業していくことは、もう祝福なのです。だから、「生まれてくる」＝「おめでたい」、「亡くなる」＝「不幸」ではない。亡くなることは荘厳なことです。そういう観点からいえば、死を恐れたり悲しんだりしている場合ではありません。もちろん恐れや悲しみもあって人生。しかし太刀打ちできないものは「委ねる」べきだろうと思うのです。

だから、生まれてくることと亡くなることは全面的に委ねる。だけど、生きることを委ねるのはちょっと違います。せっかく生まれてきたのだから、自分をダメにする生き方をしてはいけない。太刀打ちできるものは克服していく。この世は克服できるものでいっぱいです。先人たちも、克服できるものに一生懸命チャレンジして、できることを一つずつ増やしてきました。

そして、生きているときは、誰かのペースではなく、自分のペースで後悔しないように生きる。休みたいときは休めばいいし、頑張りたいときは頑張ればいい。

そして、私たちがリレーして残すべきは、転んだら立ち直る力です。やり過ぎは必ずバランスが崩れる。崩れたところから元に戻る力を、私たちは共有財産として持っているのです。

自殺と病死に価値の違いはない

今や多くの人が、心と身体は一体だという話に納得できます。さらにそこに、魂が加わり、これらすべてで人間です。

考えてほしいのは、心が病になることと身体が病になることのあいだに違いがあるのかということです。心が病むのは身体が病気になることと同じです。自ら命を絶つのもまた病であり、それを単純に「良くない」と言えるようなものではありません。

この星の人たちは、病によって遺族への対応が分かれます。身体の病気に対してはある種の敬意があります。たとえば病気で亡くなると、「闘病の末に亡くなられた」

という一種の美談になり、「大変でしたね。つらかったね」と、遺族を元気づけます。一方、自殺された方の葬儀に行くと、雰囲気がまったく違います。葬儀場では、遺族に対しては腫れ物にさわるように振る舞い、あちこちでひそひそ話が聞こえてきます。これはおかしな話で、どちらも天寿を全うしていることに変わりはありません。人類が変わっていかなければいけないところです。

これは考え方の話ではなく、「心を病んだことがありますか」という話です。ストレスが自分の限界を超えると、がんになって生命を脅かします。がん細胞は、消化酵素で自分自身を殺します。それが正常な状態です。しかし限界を超えてがん細胞が自分自身を殺せなくなった時、増殖してがんという病になります。同じように心を病むことも、自分の限界を超える出来事が起こって反応しているのです。心の病も身体の病も同じです。

自分で引き受けられるものだけを引き受けるのも大変なことです。しかし、自分の限界を超えてまでも引き受けた人に対しては、亡くなった理由が身体であろうが心であろうが、心底「ご苦労さま」と言う、それが残された人のやるべきことです。

頑張って努力することが大事でないとは言いません。しかし、何か努力しなければいけないのなら、努力しなかった人はどうすればいいのでしょう。努力するもしないも、どちらもあっていいのです。

そのもっと前にある原点について、自分のみぞおちに手を当てて、思いめぐらせたほうがいい。習ったからでもないし、無理もしなくていい。そこにはやはりハートがあってほしい。恩着せがましいハートではなく、自分の中にある、自分が習ってない部分があるはずなのです。

身体があることがありがたい

たくさんの看取りをしてきたことで、私は死に際した人がどうなっていくのか限りなく見てきました。

亡くなる時の現象に例外はありません。まず死が訪れる四日前、禁点の硬結というのが起こります。死の四日前にみぞおちに触ると、米粒ほどの硬いものが現れるのです。これは例外なく四日前です。老衰や病の末期だけでなく、不思議なことに交通事故やトンネル事故、大地震の時もきっちり四日前に現れます。こうなると避けられない。四日間の猶予です。

そして四日後、最初に肉体の死が訪れます。時間差で感情が終わり、最後に思考が終わります。

肉体にサインが現れ、肉体からいなくなって、病院からは「ご臨終です」と宣言されても、思考と感情は、そっくりそのまま生きています。そのとき人は「どんなに身体があることがありがたかったか」と気づきます。どんなに寝たきりでも、肉体があることは本当にすごいことなのだと実感させられるのです。

人は、大切な人を見送るときが必ずきます。健康なときは呼吸など意識しませんが、体力が衰えると呼吸が浅くなり、最期は自分で息をすることもできなくなります。そんな時、そっとみぞおちに手を当ててあげてください。どんなに「生きたい」「生きていてほしい」と願っていても、みぞおちにふれると、自然に「楽になったらいいよ」という本当の寄り添う気持ちが、おごそかに出てくるのです。

ポテンシャルの探求

こうして世の中のさまざまなものを眺めてみると、一つひとつが大事であるとわかります。

「健康」とは病気をしないことではありません。病名がついたときは、一回息を吐いて、自分の身体に「ごくろうさん」と言うことです。私たちの身体は生身ですから不具合は出てきます。病気だろうがケガだろうが、それは生きている証ととらえてください。病気のときは病気になればいいのです。不具合が出ても、脈は打ち、心臓は動いて、一定の体温を維持しています。

時として高熱が続く場合もありますが、沸騰することはありません。意味があるから熱が出ています。熱が出るという力はとてつもないポテンシャルです。

では、熱を出す力は、どこからきているのでしょうか。その答えは、ぜひ自分で探求してみてください。人にヒントを聞いてもいいでしょう。ただ、それまでに自覚すべきことはたくさんあります。

前著『問題は解決するな』の本意は、「解決などしなくていい」という意味ではありません。「問題は解決したほうがいいですが、その前にすべきことがたくさんありますよ」、これが本当に伝えたいことです。問題を解決しようとして、大切なことをたくさん端折《はしょ》っているのです。それを自覚しているならいいのですが、ほとんどの場合そうではありません。大切なプロセスを端折って問題解決ばかりしていたら、本来味わうべきだった重要な経験や気づきが抜け落ちてしまうのです。

問題が起こったときにいきなり悩むのは、誰かの入れ知恵です。最初にすべきは、「なぜこの問題が起こっているのか」を洞察する。これは解決するより大事です。今何が起こっているのかをちゃんと理解するのです。そして、自分の身体の感覚を感じることです。

多くの人が、考えることと感じることがごちゃ混ぜになっています。問題が起こっているのではなく、考えることと感じることがごちゃ混ぜになっていることが厄介なのです。ではどこから始めればいいのか。そのヒントが、足首にもあるということです。

足首が整って、思考と感情がつながってくると、不思議なことが起こります。たとえば野草を採るとき、教えられたように採るのではなく、自分の目にかなった野草を、自分の感覚で選ぶことができるようになる。これは本来誰もが持っている力の一つです。

きょう寝るまでは責任を持とう

未来のことは誰にもわかりません。大病を患ったり、家族がどうにかなったりすることもあり得ます。世界情勢も何が起こるかわからない。生きていれば、どうしても不安と恐怖はつきまといます。不安と恐怖は「まだ起こっていないこと」といつでもセットなのです。「だから『今ここ』に生きるべきだ」ということもできますが、不安と恐怖が高まっている人にその提案をしても、あまり現実的ではないでしょう。

だったらせめて、こうやって生きたらいいのではないかと思うのです。

「きょう一日、ベッドに入るところまでは自分が責任を持とう」

寝床に就くまでなら、きょう一日どうすべきか思い描けます。明日起きたら、「きょうも、ベッドに入るまでは責任を持とう」。賞味期限は一日。一生、一日分だけ責任を持つと決める。そのくらいでいいと思うのです。責任を持つのはきょう寝るところまでですから、明日は関係ない。だけど生きている限り、寝るまでは自分が責任を持つ。そして、確実に明日に申し送りする。これですごく楽になりませんか。

寝るまでに出会う人のことは責任を持ってやろう。

そういう覚悟が決まってくると、本当に大丈夫になっていきます。大事なのは一日一日。一日だけなら必ず意識が行き渡る。それを毎日続けていくと、気づけばすべてに意識が行き渡るようになるのです。

明治29年6月15日
をめぐる
三つの寓話

三陸とは、現在でいう青森県、岩手県、宮城県あたりを指す。ここは過去に何度も大地震と大津波を経験している。

明治のことである。青森県ではその年、鰯《いわし》が尋常ではないほど大漁に獲れた。ある人は浮かれたが、ある人は「何かが起こるに違いない」と思った。

宮城県のある寒村では、一人の老女が、井戸が枯れたことに気づく。老女は幼い頃、祖父母から、井戸が枯れると津波が来るという言い伝えを聞いていた。

「そんなことはあるわけないと思っていたが、この年になってみると『何かが起こるかもしれない』と思うようになった」

そんな老女の証言が残っている。いつでも少数の誰かが気づいている。しかし例外なく大多数の人はいう。「そんなことは起こったことがない。だからあるわけない」。この時も「昔の話」と言って誰も相手にしなかった。

岩手県気仙沼郡唐丹村《とうにむら》は小さな漁村であった。ある日漁師は、若い弟子を連れて漁に出た。そして過去に経験したことのない、途方もない出来事に遭遇して村に戻ってきた。

こんな言い伝えが残っている。戻ってからの若い弟子は高熱が出て、三日三晩まともな意識状態ではなかった。熱にうなされながら彼の口から出てきた言葉は「鯤《こん》が来た！」であった。一方、親方である漁師は寡黙になり、鯤のことを口にすることは一切なかった。普通ではないことが起こったのはその様子から推察できたが、周りの者は尋ねることが憚《はばか》られた。それから三日間、海は穏やかに凪《な》いでいた。

そしてその日がやってくる。日没の時間、最初に微震、そして弱い揺れが続き、本震が来た。それから時間を置いて夜、大津波がやってきたのである。

魚の獲れ方が異様だった。

井戸が枯れた。

三日前に漁でなんとも言えない出来事に遭遇した。

さまざまことが起こったであろうことの一部ではあるが、この三つは伝承として残っている。

＊＊＊

宮城のその老女の家には、代々伝承されてきた話があった。それは、自然界とともに生きていくための鎖骨の教えである。幼い頃に父から聞いたが、口外するなと諭されたので、誰かに伝えることはなかった。

まだ地震の気配などなかった頃、井戸が枯れたことを発見すると、老女は自分の鎖骨に何かを感じた。「ああ、これがお父さんの言っていたことだ」と悟る。しかし、かつて父親はこう言った。

「人は、自分が本当に確信を持った話はいつでも相手に伝わると思い込む。しかし、一見何でもないことが起こったとき、その背後にあるものを人に語っても、なかなか人には通じない」

鎖骨の話がどういう内容だったのかは知る由もないが、生活の中に溶け込んだ知恵はずっと伝えられていたのである。

岩手のその漁師の家には、先祖代々語り継がれてきた家の流儀があった。それは中国の伝説を基としており、細部まで非常に細やかだった。

歴史に残るもっとも古い中国の王朝は殷《いん》、そして周、秦、漢とつながる。しかし伝説ではそれ以前があり、堯《ぎょう》、舜《しゅん》、禹《う》という聖なる皇帝が存在していた。岩手の漁師の家に代々伝わっていたのは、皇帝禹による治水と鯤の話だった。

鯤とは北溟《ほくめい》（北の果ての海）に住む、数千里もあるという想像上の大魚。鯤は崑崙山脈の崑につながる。崑崙と鯤とはただならぬ秘密が実はある。

中国の川は氾濫すると海のようにすべてを飲み込む。禹は治水を行った神のごとき皇帝であり、歴史の鍵を握る伝承が数多くある。中でも禹歩《うほ》は、皇帝禹が行ったという歩法である。今も道教の巫者が儀式で行う身体技法で、諸説あるが、実際の禹歩は伝説のベールに包まれ、本当はどういうものだったかわからない。禹歩と古代中国の話は深い関係がある。

岩手の漁師の家に伝わっていたのは禹の伝説と歩法であった。そして大地震の三日前、三陸沖でとんでもない経験をした若い弟子は三日三晩熱にうなされ、漁師は無口になった。

珍しく鰯が大量に獲れた青森県。ある地域には、漁師たちに伝わる独特の伝承があった。それがどんなものだったかは定かではないが、直感的に「何かが起こるに違いない」と気づいた者もいた。だが、ほとんどの人間からは相手にされなかった。

三つの伝承に共通するのは、予兆を多くの人が信じなかったということである。

＊＊＊

数々の大災害がある。地球に住む以上それは避けられない。自然には勝てないが、先人たちは犠牲を出しながらも、営みを続けてきた。その知恵を後世に繋いでいく。それが昔から伝わる伝承である。その伝承には、生活に密着する知恵があり、そこからわかることがある。

まず鎖骨の重要性である。鎖骨を大切にすると必ず肩甲骨に至る。生活の中で鎖骨と肩甲骨を大事にすると、必ず導かれるものがある。

老女の話はなんの変哲もない。しかし、繰り返し起こることから物事のエッジは立ち上がる。そこから人は何かを感じるべきだ。そんなことが伝わってくる。

そして、古代中国と日本の寒村がどう結びついたのか、因果関係を明らかにするのは困難だが、なぜか日本の漁師たちは古い中国の伝承を知っていた。それは、鯤が悪さをすると伝えたいのではなく、太刀打ちできない大自然の中で人が生き抜く力を与える話だった。

実はここから先、私たちにとって大事になるのは堯、舜、禹である。ここに歴史のスポットが当てられると、日本のさまざまなことも発見されるだろう。それを感じさせる不思議な話も出てくるのではないか。

どれほど時代が進んでも、人間にとって大事なものは足腰である。足より他に交通手段のない時代から、人間は歩いてきた。さまざまなものが足腰にはある。


そして漁師たちの、陸と海の両方から何かをわかっていく英知。私たちの生活では窺《うかが》い知ることのできない、そして言葉で表すことのできない何かがある。


自然を大事にしながら、言葉の一音一音を大切にして生きよ。この教えが、三つの伝承の中に見え隠れする。

私たちがどんな状態であっても、太陽は昇り、沈んでいく。人間は自然とともに生きている。なんの変哲もない一日の中に、本当に大事なものがある。そこから言葉が自然に出てきた。自分の言葉は自分の奥から出てくる。「奥」とは自然界そのもの。
だから、言葉を大切にしながら日々を生きていく。

不易流行

死守せよ

そして

軽やかに手放せ

おわりに

朝起きて窓を開け、息を吐く。その瞬間、自分の中に何かが入ってきたという実感。生命というのはこれに尽きます。生と死のあいだにまたがっているのが呼吸の合間の世界であり、私たちの中に確実に宿っています。そして、人間の生命が輝くいっときの時間は、圧倒的に死の世界が支えています。

すべての人が「源泉」から来ています。だから生命は源泉でいっぱいです。そして、日常で起こることは毎日同じことの繰り返しに思えますが、そうではありません。同じ源泉から、同じに見えるものが届いているのです。

私たちが源泉からこの地球という星にやってきた目的は、「源泉返し」をするためです。源泉は、波長も波動も進路図もありません。けれども、地球に生まれてきたら、その人にしかない振動数がくっついてきます。自分と同じ振動数の人は一人もいません。何もしなくても、願いは叶《かな》っているのです。だから、ここで生きていることに、自信を持ったほうがいい。

不思議なことにこの地球では、これまでできていたことが急にできなくなったり、これまでできなかったのに急にできるようになったりします。今まで地面を掘っても何も出てこなかったのに、きょう掘ったら急に遺跡が出てくることも起こります。ブラックホールも、もともと宇宙には常に存在していました。ごく少数の人たちは知っていましたが、近年まで客観的に撮影することはできませんでした。未来のことが発見されると、同時に過去のことも発見されます。今までわからなかったことが、どんどんわかってくるようになります。

星は、誕生し滅んでも、ブラックホールに入っていかなければ、かけらになるだけです。かけらが集まって、また一つの星になる、永遠の繰り返しです。人も、生まれて死んで、また生まれる。仏教の言葉を借りると、これを六道輪廻《ろくどうりんね》と言います。輪廻が永遠に繰り返されるのです。そして、この輪廻を終えることを、釈迦は解脱と言っています。

今、世の中のさまざまなプロフェッショナルたちが、それぞれの枠を集めて今までの概念を超えようとしています。これは個人レベルの挑戦ではなく、全人類のレベルで過去の限界を突破しようとしているのです。そして、時代を最悪にしていくのか、時代を開いていくのかは、私たち一人ひとりにかかっています。誰かに頼るのではなく、私たち全員が地球を開くのだという意識を持つこと、それがこの時代に生きているという意義です。それは、誰かの説に乗っかるのではなく、自分に照準を合わせ、自分をわかっていく道を歩むことなのです。

最後になりますが、本書が出るまで四年以上も忍耐を重ね、いつも気にかけてくださった、フォレスト出版の太田宏社長に、心から感謝申し上げます。

誰もが、我が身の心臓が止まったとき、「本当に生まれて良かった」と心底思える
ように、願いを込めて。

Kan.天仙

Kan.（かん）【天仙《てんせん》】

クンルンネイゴン継承者。古代より伝わるタオの教えを現代に伝えている。2006年5月、世界初のクンルンティーチャーとして認定。2010年にはマックス・クリスチャンセン師父より、タオイスト究極の状態と言われるゴールデンドラゴンボディの達成を認められ、正式にクンルンネイゴンマスターの称号を受ける。道家の伝統では黄龍道人として知られている。著書に『時空を超えて生きる 潜象界と現象界をつなぐ』（ナチュラルスピリット）、『新装版 問題は解決するな』（フォレスト出版）がある。

ブックデザイン　喜來詩織(エントツ)
作図　二神さやか
校正　永田和恵(株式会社剣筆舎)
DTP　株式会社キャップス
プロデューサー　水原敦子

縁《えにし》の扉をひらく

2024年2月3日　初版発行

著　者　Kan.
発行者　太田 宏
発行所　フォレスト出版株式会社
〒162-0824
東京都新宿区揚場町2-18 白宝ビル7F
電話　03-5229-5750(営業)
03-5229-5757(編集)
URL　https://www.forestpub.co.jp/
印刷・製本　中央精版印刷株式会社

ISBN978-4-86680-258-9　Printed in Japan

『縁の扉をひらく』

購入者無料特典

本書をお読みくださったみなさんに
スペシャル PDF をプレゼントします。

AI にとって代わられない生き方

源泉にふれて、生きる

とは?

今や文章の執筆や作曲といったクリエイティブな分野までも、AI がこなす時代に入りつつあります。人間にしかできない役割、AI にとって代わられない幸せな生き方を、誰もが模索しています。そのヒントとなるキーワードが、本書でも語られている「源泉」です。
「源泉にふれて生きるとはどういうことか」
このテーマに関して本書に収めきれなかったテキストを、PDF にしてプレゼントいたします。約1万文字にわたる貴重な内容は、本書のフォローとしてお読みいただくとさらに理解が深まります。

プレゼント PDF の入手はこちらにアクセスしてください。

https://frstp.jp/enishi

※特別プレゼントは Web で公開するものであり、小冊子・DVD などをお送りするものではありません。
※上記無料プレゼントのご提供は予告なく終了となる場合がございます。あらかじめご了承ください。